Kerstin Holzer

THOMAS MANN MACHT FERIEN

Kerstin Holzer

THOMAS MANN MACHT FERIEN

Ein Sommer am See

Kiepenheuer & Witsch

Inhalt

Für Lion

Der See atmet

Am Nachmittag hat es geregnet, nur ein kurzer, resoluter Sommerguss, aber die abschüssige Wiese ist noch nass. Barfuß schlittert der Junge den Hang von der Villa hinunter zum See, fast rutscht er aus. Auch der hölzerne Steg am Ufer ist feucht. Die Stufen ins Wasser sind besonders glitschig, das weiß er genau. Erst gestern ist er in den See gefallen, gleich neben die gelben Seerosen, und von einem Herrn am Nachbarsteg herausgefischt worden. Peinlich! Dabei kann der Neunjährige längst schwimmen, er war nur wieder mal zu verzagt und traute sich nicht, die unnötige Rettung abzulehnen.

Hinter dem Jungen springt ein Hund auf den Steg und setzt sich. Es ist ein kurzhaariger Hühnerhund. Angeblich. Tatsächlich ist er krummbeiniger, kleiner und schnauzbärtiger, als die Züchter fordern, dafür sehr sympathisch mit seinem dunkel gestromten, rötlichen Fell und der schwarzen Nase. Konzentriert starrt er nach vorne, auf den See.

Das gegenüberliegende Ufer der kleinen Bucht liegt so nah, dass man fast den sandigen Strand zwischen Grasbüscheln und hohem Schilf sehen kann. Im dunkelgrünen Wasser spiegeln sich die nahen Berge. Vorne links steht der Wallberg mit seiner flachen Kuppe, daneben der Setzberg, rechts der Ringberg. Tannen und Laubbäume umschließen sie wie fester Lodenstoff. Hoch oben leuchtet weiß Schloss Ringberg, darüber ein paar Fetzen von Blau. Der bayerische Abendhimmel verspricht: Morgen wird's wieder schön.

Möwen manövrieren zwischen hohen Schilfstangen. Zwei Haubentaucher paddeln umher, entfernen sich voneinander, tauchen getrennt, finden wieder zusammen.

Der Hund erhebt sich, das will er sich näher ansehen, aber dann wirft er den Kopf herum. Von links weht eine temperamentvolle weibliche, recht tiefe Stimme über den See. Geschwindes Reden, eine leisere Antwort, ein Lachen. Von der winzigen Ringseeinsel her nähert sich ein Ruderboot. Der Vater und die Mutter beenden ihre abendliche Fahrt auf dem stillen See, mit der sie hier jeden Tag beschließen.

Ihre anderen Kinder sind im Haus oben, sie lesen, träumen, treiben geheime Spiele, aber unten am Steg wartet der Junge, wie jeden Abend, um den Kahn unters Dach des Bootshauses zu ziehen und festzumachen.

Der Hund springt mit allen vieren auf der Stelle und wedelt. Er hat seinen schnurrbärtigen Herrn erkannt, der die Schultern nach vorne wirft, die Ruder ins Wasser taucht und mit sicheren, eleganten Zügen durchzieht; man sieht, er macht das nicht zum ersten Mal. Jetzt pfeift er zwei Töne, den ersten tiefer, den zweiten höher. Der Hund gerät außer sich, während sich die Frau zum Ufer dreht, den Schal über dem bestickten Leinenkleid mit den bauschigen Ärmeln fester um die Schultern zieht und lächelt.

Das Boot unters Dach lenken, vertäuen, aussteigen. Der Vater erwehrt sich in gespielter Strenge der Freude des Tieres, das an ihm halb hochspringt. Die dunkelhaarige Dame begrüßt der Hund mit formvollendeter Höflichkeit, denn er weiß: Sie duldet ihn eher, als dass sie ihn liebt. Aber sie lieben denselben Menschen, und das verbindet schon auch.

Die Eltern schlendern über die Wiese nach oben zur Villa, deren Fenster im beginnenden Dunkel der Sommernacht leuchten. Das Kind hält sich an seine Mutter, der Vater tätschelt den Kopf des Hundes, der sich an seine Seite geheftet hat.

In den Bergen bereitet sich der Wind auf seine nächtliche Reise über die Hänge ins Tal vor. Unten am Steg steigt feuchte Kühle auf, es riecht nach

Schilf, Mädesüß und herber Schafgarbe. Das abendliche Wasser, in Bewegung versetzt vom Zustrom eisiger Gebirgsbäche, schwappt um die Stützbalken, es gluckert, hebt und senkt sich und lässt den üppigen Seerosenteppich sachte schaukeln.

Die Leute im Tegernseer Tal sagen: »Der See atmet.«

JULI

Wirklich ein reizender Punkt

Ein Idyll! Danach hat er sich gesehnt in diesem Sommer, das hat er gebraucht nach vier Jahren Krieg. Dem Krieg der Deutschen gegen die Welt, dem Krieg gegen den Bruder, dem Krieg gegen sich selbst.

Angekommen am Tegernsee sind sie am 15. Juli 1918. Aber schon der Aufbruch von Thomas Mann und den Seinen aus München war natürlich wieder: ein unglaubliches Chaos.

Kein Wunder bei der Größe dieses Schriftstellerhaushalts von Vater und Mutter, fünf Kindern zwischen zwölf Jahren und drei Monaten, einer Köchin, einem Haus- und einem Kindermädchen, einem nicht kleinen Hund und einem Gepäckgebirge von Bettwäsche, Garderobe, Büchern. Vor lauter »Abreise-Hetz« war Katia Mann, wie ihre Mutter Hedwig Pringsheim beim Abschiedsbesuch feststellen musste, schon »halb verrückt«.

Eines der fünf Kinder ist ja immer krank, diesmal

war es die achtjährige Monika. Wegen ihrer hartnäckigen »Spanischen Krankheit«, womöglich auch nur eine Sommergrippe statt der seit Frühjahr 1918 weltweit wütenden Influenza, war ein Großteil der Familie von Thomas Mann in München festgehalten worden. Nur die älteste Tochter Erika und das »Fräulein« reisten zum geplanten Zeitpunkt mit der Eisenbahn voraus, im Schlepptau das Gepäck.

Der zwölfjährigen Großen konnte man die verantwortungsvolle Aufgabe, das Ferienhaus vorzubereiten und dort ein paar Tage auf den Rest der Familie zu warten, durchaus zutrauen, fand man. Hatte sich »die Eri« in den Kriegsjahren nicht als nervenstark und patent erwiesen? Einmal hatte sie nach der Schule Eltern und Geschwister verstört vor dem Mittagessen sitzend vorgefunden, einer ungenießbaren Pilzsuppe. Erika kostete, salzte kräftig nach, schon war das Kriegsessen essbar. »Die Eri muss die Suppe salzen!«, ruft ihr Vater seitdem, sobald sich eine knifflige Situation auftut.

Nun ist es also vorausgefahren, dieses zähe, schmale Mädchen mit den entschlossenen dunklen Augen, und mit vier Tagen Verspätung standen ebenfalls auf dem Bahnsteig: Familienoberhaupt Thomas, seine mittlerweile sehr erholungsreife Gattin Katia mit Elisabeth, dem heiteren, knapp drei Monate alten Baby auf dem Arm, die elf- und neunjährigen Buben Klaus und Golo, der eine keck, der andere scheu, die frisch genesene Moni, außerdem Hauspersonal, Hund, Handgepäck. »Manns endlich nach Tegernsee«, notierte Großmutter Hedwig Pringsheim kopfschüttelnd in ihrem Tagebuch, »unter peinlichsten Umständen«.

Wie von Thomas Mann, jeglicher Unruhe abgeneigt, befürchtet, war die Reise mit der Eisenbahn zweiter Klasse »höllisch«; ihm hatte ja schon im Vorfeld davor gegraut, während der knapp dreistündigen Fahrt ins bayerische Voralpenland womöglich »stehen zu müssen«.

Am Bahnhof Tegernsee endete die Reise keineswegs: Weiter ging es mit dem Motorboot »Quirinus« hinüber ans gegenüberliegende Seeufer, Richtung Wiessee, zum Bauerndorf Abwinkl. Das eigentliche Ziel ist ein abgeschiedenes Haus am Ufer einer Bucht auf der Südwestseite des Tegernsees, Ringsee genannt. Es liegt von der Anlegestelle Abwinkl immer noch eine Ruderboot-, Kutschfahrt oder einen strammen Fußmarsch entfernt.

Sei's drum. Nun sind sie endlich da. In der Sommerfrische.

Und wo könnte sie schöner sein als hier? »Dies hier ist wirklich ein reizender Punkt«, schreibt Mann erfreut kurz nach der Ankunft an seinen Vertrauten, den Germanisten Ernst Bertram, »ich fand mich nicht enttäuscht.«

Dieses Fleckchen bayerischer Erde, es ist wirklich ein Idyll. Wenn Thomas Mann auf der Terrasse seiner Ferienvilla steht, die auf einer kleinen Anhöhe thront, blickt er über eine saftig grüne Wiese mit Löwenzahn und Gänseblümchen, über Fliederbüsche, Apfelbäume und einen kleinen Wald, der den abschüssigen und malerisch verwilderten Garten rechts begrenzt, dahinter erhebt sich ein Berg. Nach Süden sieht er weit in die Alpen, und gleich unten am Hang wartet die eigentliche Sensation: Der Tegernsee leuchtet. Zum Anwesen gehören ein schmaler, kiesgesäumter Badestrand (»Lido« nennt Thomas Mann ihn, das klingt mondäner) und ein Steg, ein kleines Bootshaus und ein Ruderboot. Ein eigenes Ruderboot! Die Kinder sind selig.

Für zwei lange Ferienmonate, von Mitte Juli bis Mitte September, hat die Familie Mann die »Villa Defregger« direkt am Ufer des Sees gemietet. Mehrere Jahre hatte sie ein Landhaus in der Nähe besessen, in Bad Tölz, dieses aber 1917 verkauft und den Erlös auf alleinigen Wunsch des patriotischen Schriftstellers, ach je, in Kriegsanleihen gesteckt.

Das gemietete Anwesen am Tegernsee ist ein dreigeschossiger Bau, mit Walmdach, weißen Sprossenfenstern und blumengeschmückten Balkonen herrschaftlich anmutend. Er gehört dem im Felde befindlichen Sohn des Malers Defregger, man kennt sich aus der besten Münchener Gesellschaft. Auch mit dem fünfzig Kilometer südlich von München gelegenen Tegernsee und den ihn umrahmenden Bergen ist man vertraut, zumindest Katia, geborene Pringsheim. Sie hat als Mädchen mit ihrer Familie dort regelmäßig die Ferien verbracht und ihre Mutter, Hedwig Pringsheim, bereits im April nach Abwinkl geschickt, um die Defregger-Villa »zu inspiciren«.

Als Millionärin und stilsichere Eigentümerin eines mit Gobelin-Teppichen und Lenbach-Gemälden eingerichteten Neorenaissance-Palastes in der Münchener Arcisstraße hatte Frau Pringsheim befunden, die ländliche Ferienresidenz sei »bezaubernd gelegen« und lasse sich »wol gut für die Mann'schen Bedürfnisse einteilen«. Soll heißen: Das Anwesen ist nicht nur komfortabel und geschmackvoll möbliert (sogar im Treppenhaus hängen hübsche Stiche), es bietet auch viel Platz und für den Schwiegersohn ein eigenes Schlaf- und Arbeitszimmer, dessen Tür sich entschieden schließen lässt. Das ist wichtig, denn der »Schwieger-Tommy« ist ruhebedürftig, delikat und überhaupt »ein rechter Pimperling«, wie ihn seine spöttische Schwiegermutter heimlich nennt.

In diesem Sommer hat sich seine Empfindlichkeit aufs Äußerste gesteigert. Denn Thomas Mann, gerade 43 Jahre alt, berühmter Autor des Sensationserfolgs »Buddenbrooks«, Verfasser aufsehenerregender Novellen wie »Tonio Kröger« und »Tod in Venedig«, steckt in einer handfesten Krise.

Zu den kleineren Malaisen gehört, dass er in den ersten Tagen am Tegernsee nur schwer in den Erholungsmodus findet. Hinderlich sei, klagt er, dass der See ihn irgendwie aufrege, weswegen er schlecht schlafe. »Unwohl« fühlt er sich, »infolge verfrühter körperlicher Anstrengungen (ohne die Akklimatisation abzuwarten)«. Die »körperlichen Anstrengungen« bestehen aus Rudern und aus therapeutischen, die Seele beruhigenden und das Denken fördernden Spaziergängen, zwei Aktivitäten, die er schon als junger Mann für sich entdeckt hat. Ein großer Schwimmer ist er, im Gegensatz zu seiner Frau, jedenfalls nicht.

Dann das Wetter. Mitte Juli herrscht in Bayern erst »blödsinnige Hitze« (Hedwig Pringsheim), dann ziehen schwarze Wolken auf. Sommer in Oberbayern, das heißt eben auch: Kalt kann es werden, saukalt, so dass über dem abendlichen Ringsee, wenn das Wasser wärmer ist als die Außentemperatur von zehn Grad Celsius, weiße, gespensterhafte Schleier liegen. Und regnen kann es wie aus Kübeln. Hier erlebt man nicht nur Kurzgewitter als Abschluss eines heißen Tages, bei denen ein Platzregen herunterbricht, als wäre oben ein Damm gebrochen – und trotzdem ist anderntags herrlicher Sonnenschein. Nein, es gibt auch den berüchtigten Schnürlregen, einen fiesen, dampfigen, minimaldosierten Spielverderber, der einen auf Tage im Haus gefangen hält. Dann kann man schlecht mit dem Hund vor die Tür, das trübt die Laune.

Auch die katastrophale Ernährungslage beschäftigt nun sogar den Familienvater, der mit den praktischen Dingen des Lebens sonst wenig zu tun hat. Die Not ist groß im Hungerjahr 1918. Dünn sind sie geworden, die Manns, die Erwachsenen wie die Kinder. Klaus' und Golos Beine ragen aus ihren zu klein gewordenen Lederhosen wie dürre Stecken. Mit ihren Schwestern klauben sie bei Regenwetter dicke Schnecken von der Wiese, um die karge Verpflegung aufzubessern. Die Weichtiere schmecken zwar nicht besonders, doch der Hunger ist größer als der Widerwille. Thomas Mann wird dieser Fleischersatz allerdings nicht vorgesetzt. Er erhält immer das Beste, was seine patente Frau an Essbarem auftreiben kann, bei Bettelgängen zu den umliegenden Bauernhöfen, den mageren, barfüßigen Nachwuchs mit den hungrigen Augen im Schlepptau. Oft hilft auch eine diskret zugesteckte Goldmünze.

Die kriegsbedingten Verpflegungsschwierigkeiten auf dem Land sind enorm. Die Tegernseer »Seegeist«-Zeitung meldet eine Abgabepflicht für Beeren, deren vitaminreicher Saft Lazarettkranken vorbehalten ist, und empfiehlt Rezepte für Brennnesseln (die jungen, hellgrünen Blätter sind essbar, aus den gröberen wird Nesselstoff gewoben). Fleisch lässt sich auf offiziellem Wege kaum ergattern. Selbst primitiver Weißkohl ist für Familie Mann, die sich auch Schwarzmarktpreise leisten kann, so unverschämt teuer geworden, dass der Vater brieflich darüber schimpft.

Aber derzeit kann Thomas Mann sowieso nicht unbeschwert zubeißen. Seit Tagen quält ihn der Schneidezahn, der linke ist es. Zahnschmerzen! Das fehlte noch.

Seine größte Sorge aber dreht sich um das Vaterland. Genauer: um seine Rolle als Autor, der sich in den letzten Jahren ganz in dessen Dienst gestellt hat. Denn seit die militärische Niederlage der Deutschen im Ersten Weltkrieg denkbar wird, wächst in Thomas Mann die Angst, als Schriftsteller demnächst selbst auf der Verliererseite zu stehen. Dann nämlich, wenn im Oktober, nach den Sommerferien also, sein neues Buch »Betrachtungen eines Unpolitischen« erscheint, eine reaktionäre 600-Seiten-Kriegsschrift – und von der Geschichte vielleicht sofort zur Seite gefegt wird.

Als 1914 der Erste Weltkrieg ausbrach, da war auch er, Thomas Mann, wie das ganze Land, von einer großen Euphorie mitgerissen worden. »Krieg! Es war Reinigung, Befreiung, was wir empfanden, und eine ungeheure Hoffnung. Hiervon sagten die Dichter, nur hiervon.« Deutschlands ganze Tugend und Schönheit, behauptete er damals, »entfaltet sich erst im Kriege«. Und da er selbst nicht ins Feld musste – ausgemustert wegen Magenschwäche und Nervosität –, setzte er sich eben daheim in der Münchener Familienvilla in der Poschingerstraße jeden Morgen hin, um tapfer »Gedankendienst mit der Waffe« zu leisten. Daheim am Schreibtisch, gekleidet in eine graue, militärisch anmutende Litewka-Jacke. Voll Hoffnung auf einen glorreichen deutschen Sieg war er, der dann auch der eigene wäre. Er, der Literat, als siegreicher Debattenautor! Das würde all diejenigen verstummen lassen, die ihn, wie einst der Kritiker Alfred Kerr, als »dünnes Seelchen«, als verklemmt und irgendwie unmännlich geschmäht hatten.

Für die »Betrachtungen eines Unpolitischen« hatte Thomas Mann 1915 sogar die Anfänge des großen Romanprojekts »Der Zauberberg« unterbrochen. »Ich will die Monarchie«, formulierte er stattdessen in seinem Bekenntnisbuch, die anständigste Lebensform sei die des Gutsherrn, der deutsche Volkscharakter der moralisch vollendete. Er verstieg sich sogar zur Behauptung, die Todesnähe im Krieg sei doch eigentlich großartig, da sie den Menschen veredle. »Sympathie mit dem Tode« lautet die radikale

Quintessenz einer Haltung, die um jeden Preis die deutsche Kultur verteidigen will.

Drei Jahre hat er sich nun mit diesem Buch geplagt. Leicht kann es nicht gewesen sein, darin sogar die Versenkung des englischen Passagierschiffs Lusitania durch deutsche Torpedos ausdrücklich gutzuheißen. 1198 Menschen kamen dabei ums Leben, darunter 94 Kinder, viele für ihre verzweifelten Eltern unerreichbar gefangen unter Bord, als der Dampfer sank. Und während im Arbeitszimmer in der Poschingerstraße ein Schriftsteller in grauer Pseudo-Militärjacke diese Tragödie von Zivilisten billigte, hörte er durch die geschlossene Tür vielleicht das Rufen und Lachen der eigenen Söhne und Töchter.

Dieses finstere Buch, es ist auch eine Kriegserklärung an den geliebt-gehassten Bruder Heinrich Mann, mit dem er sich politisch völlig überworfen hat und der ihn nun zuweilen im Traum verfolgt. Dass der liberale, kaiserkritische und stattdessen einem Europa aus dem Geist der westlichen Demokratie zugeneigte Heinrich in einem Essay über Émile Zola geschrieben hat: »Sache derer, die früh vertrocknen sollen, ist es, schon zu Anfang ihrer zwanzig Jahre bewußt und weltgerecht hinzutreten. Ein Schöpfer wird spät Mann« – unverzeihlich! Das bin doch ich!, zürnte Thomas, selbst blutjung berühmt geworden. Als ob jedes Talent verdorren müsse, das sich nicht zur Demokratie bekenne! Zu Jahresanfang 1918 gab er sich in einem Trennungsbrief an den Bruder unversöhnlich: »Schmerz? Es geht. Man wird hart und stumpf.« Heinrich, er ist sein Feindbild: der »Zivilisationsliterat«.

Die pazifistisch gesinnte Schwiegermutter Hedwig Pringsheim sieht Thomas ebenfalls als innerfamiliäre Opposition. Sie macht bei ihren, wie er findet, viel zu häufigen Besuchen bei ihrer geliebten Tochter Katia und den Enkeln keinen Hehl daraus, wie sie politisch denkt: dass nämlich dieser verdammte Krieg »ein böser Wansinnstraum« sei und dass sie es »scheußlich« findet, alles: »Sieg und Niederlage, und Blausäure und blutigen Einsatz, und innere Politik und äußere Politik (...) alles und alle scheußlich, unausdenkbar und unaussprechlich scheußlich ...«. Zu Weihnachten 1917 hat sie ihrem Enkel Klaus Bertha von Suttners Roman »Die Waffen nieder!« geschenkt, ausgerechnet, und damit den Pazifismus ins Haus des Kriegsvaters geschmuggelt. Das nimmt dieser ihr übel.

Und Katia? Seine Ehefrau hält loyal zu ihm, allen gegenüber. Aber Thomas ist sich bewusst, dass sie insgeheim skeptisch wird, je schlechter die Nachrichten von der Front werden.

Alle wissen, dass die sogenannte Frühjahrsoffensive, die die Deutschen im März 1918 gegen Frankreich und England gestartet haben, inzwischen ins Stocken geraten ist. Genau jetzt, Mitte Juli, setzen die Alliierten an der französischen Marne, Westfront, zur Gegenoffensive an. Unterstützt werden sie nun auch noch von den Amerikanern. Und den Deutschen fehlen Reserven. Die Feldpost berichtet von der totalen Erschöpfung der Truppen in die Heimat. Wegen der Rationierung von Lebensmitteln graben Frauen in der Berliner Innenstadt nach essbaren Wurzeln, Arbeiter und Arbeiterinnen streiken, in München demonstrieren Kriegsgegner. Die Moral sinkt, der Kriegsverdruss wächst. In München haben Soldaten der Kaserne in der Türkenstraße tatsächlich versucht, ihr Abrücken an die Front zu verweigern. Anderswo sind deutsche Militärangehörige beim Transport von der Ost- an die Westfront unterwegs einfach ausgestiegen.

Von solcher Rebellion ist Katia weit entfernt. Aber sie ist mindestens so intelligent wie ihr Mann, deswegen liebt er sie schließlich. Und Katia zweifelt an diesen »Betrachtungen« und deren Kriegshurra. Die Jahre des verbissenen literarischen Kriegsdienstes ihres Mannes und ihr eigenes Wachestehen haben sie mürbe gemacht. Die Kinder, Detektive im eigenen Haus, haben längst gespürt, dass der sonst so liebevolle, foppende Ton zwischen ihren Eltern gereizter geworden ist.

Diese Sommerferien am Tegernsee, sie sind für das Ehepaar, für die ganze Familie so etwas wie eine Flucht ins Idyll. In ein Versprechen von Licht und Leichtigkeit.

Und für Thomas Mann bedeutet auch sein Schaffen eine Flucht: »Arbeit ist schwer, ist oft genug ein freudloses und mühseliges Stochern; aber nicht arbeiten – das ist die Hölle.« Nach den »Betrachtungen« fehlt ihm im Moment noch die Kraft für den großen Zeitroman »Der Zauberberg«, da macht er sich nichts vor. Aber nichts tun, das geht gar nicht.

Ins Ferienhaus hat er nun sein neues Manuskript mitgenommen, mit dem er im Frühling in München begonnen hat und an dem er in diesem Sommer am Tegernsee weiterschreiben will. Es trägt die Sehnsucht nach dem Heilen schon im Titel.

»Herr und Hund. Ein Idyll« heißt das autobiografische Büchlein, und es handelt von Bauschan, Thomas Manns vierbeinigem Begleiter, von dessen feinem Charakter, seiner Jagdleidenschaft, seiner Komik, seinem Stolz. Und von der rührenden Anhänglichkeit an seinen Herrn, mit dem er ein gegensätzliches, aber auch sonderbar inniges Paar bildet.

Eine Hundegeschichte, ist das sein Ernst?

Allerdings. Dass viele auch dieses Werk wunderlich finden werden, nimmt sein Schöpfer selbstbewusst in Kauf: »Es wird ganz lustig und merkwürdig.«

Vor allem aber verbindet es den Drang nach Produktivität mit dem Rückzug ins Private. Es ist die beste Lockerungsübung, die er sich im Moment wünschen kann.

Ferien machen, was heißt das anderes, als zu versuchen, so manchem Dunkel zu entwischen und den Kopf mit frischen, beglückenden Gedanken und Eindrücken zu füllen? Womöglich mit: Frieden?

Der Schriftsteller, den seine Kinder nachmittags im Liegestuhl auf der Wiese beim Ruhen sehen, die Augen mit einem Taschentuch bedeckt, erholt sich nun mal auch im Zusammensein mit seinem Hund, und im Nachdenken über ihn: »... wenn der Gute mich grüßt, indem er mir die Vorderpfoten auf die Brust setzt und den getigerten Kopf dazulegt, während ich ihm das magere Schulterblatt klopfe, fühle ich mich ihm näher als manchem Mitgliede des ›Menschengeschlechtes‹.«

Bauschan, Du Guter, zeig Dich!

Ah, da ist er: »Er kommt um die Ecke«. So heißt des Idylls erstes Kapitel.

Und Bauschan lacht

Jeder Hund erkennt seinen Menschen an dessen ganz unverwechselbarem Ruf. Wenn Thomas Mann nach Bauschan pfeift, klingt das interessant und deutlich anders als die Pfiffe der meisten Hundehalter, die sich anscheinend unabgesprochen auf einen langen oder zwei scharfe, kommandohafte Laute geeinigt haben. Thomas Mann hingegen spitzt die Lippen zu einem lyrischen »Pfiff von zwei Tönen (...), Grundton und tiefere Quart, so, wie die Melodie des zweiten Satzes von Schuberts unvollendeter Sinfonie beginnt«. Töne, die ein gemütvolles, fragendes Motiv anstimmen und eine zarte Unerschrockenheit. Eine Stimmung, die sich nicht unterkriegen lässt, also der Unverdrossenheit ihres Komponisten Franz Schubert entspricht, der während der Entstehungszeit der »Unvollendeten« im Jahr 1822 an einen Freund schrieb: »Ich kann nirgendwo hinkommen, ich habe GAR kein Geld, und es geht mir überhaupt sehr schlecht. Ich mache mir nichts draus und bin lustig.« Das kommt der Lebensphilosophie vieler Hunde schon recht nahe.

Wenn Thomas Mann ruft, ob daheim in München oder jetzt am Tegernsee, stürmt Bauschan auf ihn zu, als wollte er ihn über den Haufen rennen, bremst dann ab, um einen »wirren Begrüßungstanz« zu vollführen, mit euphorischem Wedeln, das das ganze Hinterteil erfasst. Der Hund dreht sich dabei um die eigene Achse, deutet Luftküsse an, springt an die Seite von Thomas Mann und schmiegt sich anschließend eng an dessen Schienbein, den Kopf erwartungsvoll nach oben gewandt, bereit für Liebkosungen.

So spricht Bauschan zu seinem Menschen, und Thomas Mann spricht mit ihm: Er versichert ihm, dass er ein echter Hühnerhund sei, egal, was die anderen sagen, dass er ein schöner Hund sei und dass er der Bauschan sei, ja, der feine Bauschan, was den bei seinem Namen Gerufenen jedes Mal in einen Begeisterungssturm versetzt, einen wahren »Identitätsrausch«, wie Mann das in »Herr und Hund« nennt. Vor lauter Verzückung kreiselt das Tier um die eigene Achse, juchzt jubelnd gen Himmel, und wenn es dann noch spielerisch und zärtlich nach der Hand seines Herrn greifen und schnappen darf, dann lacht Bauschan. Weiß etwa jemand nicht, dass Hunde lachen können, dass es ihr ganzes Gesicht verzieht? Für

Thomas Mann ist das »der wunderlichste und rührendste Anblick von der Welt«.

Dass der Hundeherr sich bei seinem Pfiff von der Hochkultur inspirieren lässt, ist übrigens auch deshalb hübsch, weil Bauschan, um ehrlich zu sein, tatsächlich kein edler Nachfahre reinrassiger Jagdhunde, genauer: Hühnerhunde ist, als der er der Familie Mann vor zwei Jahren, im Sommer 1916, auf einer Almwirtschaft bei Bad Tölz angedreht wurde, und zwar für genau zehn Mark. Nein, dieser Hund ist »kein Professor«, sondern »ein vitaler Jägerbursch« und »derb wie das Volk«. Das sah man, so erzählt es Thomas Mann in seiner Hundert-Seiten-Geschichte »Herr und Hund«, auch auf den ersten Blick.

Unter dem bäuerlichen Tisch angebunden stand da eine dürre, zittrige »vierbeinige Trübsal«, den Schwanz zwischen den Knickbeinen, die Ohren ängstlich zurückgelegt. Der ganzen Familie Mann bot sich ein Bild des Jammers; im hündischen Kindergesicht zeigten sich ein überproportional großer Schnauzbart und eine »Schattierung säuerlicher Schwermut«, »Dummheit und Elend« sowie »die inständige Bitte um Nachsicht«. Sohn bester Eltern, log die Wirtin frech. Die Manns: »Ja, aber sie hätten offenbar nicht recht zueinander gepasst?«

Mitgenommen haben sie ihn damals trotzdem. Es fehlte ja ein Vierbeiner im Haus, seit der Vorgänger

Motz, ein schottischer Collie (tadelloser Stammbaum, allerdings degeneriert und harmlos verrückt) als Greis mit dubiosen Beulen auf dem Rücken erschossen werden musste. Und da sie dem kleinen Bauernbuben da oben in der bayerischen Almwirtschaft nun mal in seine traurigen und gleichzeitig hoffnungsvollen Augen geblickt hatten, konnten sie ihn ja wohl kaum seinem Schicksal überlassen. Die Mann-Kinder hätten das nicht verstanden, auch ihr Vater hatte bereits sein Herz geöffnet.

Der Heimweg mit dem neuen Hausgefährten zum damaligen Tölzer Landhaus: »kein Triumphzug«. Erst verlor das sechs Monate alte Hundekind das Blumensträußchen, das die Wirtin ihm hinters Halsband gesteckt und das sowieso leicht ironisch gewirkt hatte. Dann krümmte es sich mitten auf der Tölzer Marktstraße, um sich mehrfach auf ungesunde Weise zu erleichtern, schützend umstanden von Groß und Klein. Die nächste Demütigung wartete daheim: derbes Auflachen, abschätzige Blicke und wegwerfende Handbewegungen der Dienstmädchen, denen man verlegen vorlog, dies traurige Häuflein Hund geschenkt bekommen zu haben.

So viel zum Respekt des Personals gegenüber dem Ehepaar Mann. Davon wird noch zu sprechen sein.

Bauschan – so benannt nach dem Hofhund im niederdeutschen Roman »Stromtid« von Fritz Reuter –

wird der wohl wichtigste Hund im Leben von Thomas Mann. Er begleitet ihn in einer zentralen Zeit des persönlichen und politischen Umbruchs, und er ist der einzige, dem Mann ein literarisches Denkmal errichtet. Anders aber als von dessen anderen vierbeinigen Begleitern, etwa dem Schäferhund Lux oder dem schwarzen Pudelrüden Nico, findet sich in den Archiven kein einziges Foto von Bauschan. Mehrere Illustratoren, darunter Emil Preetorius mit seinen humorvollen Scherenschnitten für die Originalausgabe von »Herr und Hund«, haben immerhin ungefähre Vorstellungen hinterlassen. Das klarste Bild dieses liebenswürdigen Tieres stammt immer noch vom Hundeherrn selbst.

In »Herr und Hund« zeichnet er Bauschan als »kurzhaarigen deutschen Hühnerhund« mit Unklarheiten in der Abstammung: Der Rüde ist kleiner als gewünscht und hat eine ungewöhnliche Wamme, also Hautfalten am Hals. Der möglicherweise von einem Schnauzer-Vorfahren vererbte, leicht hängende Schnauzbart ist ihm geblieben. Einmal aufgepäppelt, wird sich beim ausgewachsenen Tier ein gedrungener Körperbau »von Wackerkeit und viriler Tugend« zeigen, außerdem eine sehr hübsche Färbung. Bauschans Fell ist rostbraun und schwarz getigert, mit weißen Flecken an den Pfoten, am Bauch und an der Brust, auf der sich das Fell zu einem netten hellen

Wirbel dreht. Besonders schön sei der Kopf, findet Mann, mit seiner schwarzen Nase und den braunen, verständigen und klugen Augen.

Der ganze Hund, ein Prachtkerl. Das kann nur der nicht sehen, dem »die Gesetze der Art vor den Persönlichkeitswerten gehen« und der auf dem »Idealbilde reiner Züchtung« besteht. Als Thomas Mann dies im Jahr 1918 schreibt, weiß er nicht, dass die deutsche Zukunft demnächst massenhaft Rassepuristen hervorbringen wird, aber es klingt schon wie eine Ahnung. Und es ist einfach so, dass ihm, als Sohn einer brasilianischen Mutter und eines deutschen Vaters, als Gatte einer Frau aus jüdischer Familie, das Lob der gemischten Herkunft Bedürfnis und Vergnügen ist.

Dem noch jungen Bauschan fällt die Eingewöhnung bei den Manns nicht ganz leicht. In »Herr und Hund« wundert sich Thomas Mann, dass das Tier bei nächster Gelegenheit ausbüxt, um wieder in seine alte Heimat auf dem Land zu laufen, ganze zwanzig Kilometer. Warum nur? Dort gab's nur Kartoffelschalen statt nahrhafter Mahlzeiten aus Küchenabfällen wie in der Schriftstellerfamilie und sicher keine so spielbegeisterten Kinder wie die Mann-Sprösslinge. Beim Abholen zeigte der Flüchtige sich ja auch freudig erregt. Warum er dann davongelaufen war? Der frischgebackene Hundeherr versteht es nicht. Er vermutet aber, dass das Band der Sympathie noch zu schwach ausgeprägt war.

Dies zu ändern, gelingt ausgerechnet dem als spröde geltenden Thomas Mann. Denn Bauschan erblickt in ihm, im eigenbrötlerisch vor sich hin Schaffenden, das »Haus- und Familienoberhaupt, unbedingt den Herrn, den Schützer der Herde, den Gebieter«, und als solchen liebt und verehrt er ihn. Auf ihn wartet Bauschan bei Schnee und Regen in der Allee, wenn Mann spätabends, manchmal »zerstreut, weinselig, rauchend« aus der Stadt kommt und von der Tramstation heimschlendert. Wenn Thomas Mann in der »Poschi«, dem Münchener Familiensitz, am Schreibtisch sitzt, kratzt der Hund manchmal mit anrührender Zaghaftigkeit genau einmal mit der Pfote an die Verandatür. In stürmischeren Momenten verschafft er sich Zutritt zum Arbeitszimmer, indem er vom Garten durchs offene Fenster springt, wobei er Kies ins Zimmer bringt, den Teppich verschiebt, den Sessel samt Schriftsteller halb erklettert und mit seinen Pfoten die frische Tinte auf dem Manuskript verwischt. Mit »verzehrenden Blicken« fordert er den Arbeitenden dann zum Spaziergang auf, oder wenigstens zu einer Zärtlichkeit. Er gibt erst Ruhe, wenn er sich in dessen Nähe zum Schlafen niederlassen darf, aber nur, wenn er nicht zu lebhaft träumt und dabei bauchrednerische Geräusche von sich gibt.

Im Münchener Haus darf sich Bauschan nur selten aufhalten. Die Teppiche leiden unter den Krallen des Tiers. Und Teppiche sind ein geschätztes Inventar in den Augen des Hausherrn, der sie im Tagebuch mehrfach erwähnt: Werden sie wegen der Putztage weggeräumt, dann heißt es warten, und rollt sie das Personal wieder aus, sind sie »jedoch zu korrigieren«. Erst danach arbeitet es sich wieder unbeschwerter, »ich glaube aus Freude über die Teppiche«. Es darf daher nicht sein, dass die Auslegware leidet, weil der Hund daran herumscharrt oder er sie womöglich verunreinigt, weil er nachts keine sieben Stunden durchhält. Für ihn gibt es deswegen draußen eine Hundehütte, ausgelegt mit Stroh.

Vermutlich darf Bauschan auch in der Ferienvilla Defregger nicht drinnen schlafen, man ist hier schließlich nur Gast. Aber es ist Sommer, es gibt eine geschützte Veranda, und immerhin hat der Rüde in den Ferien viel mehr von seinem Herrn als sonst, wenn er stundenlang draußen warten muss, bis der mit dem Schreiben, seinen Gängen in die Stadt, mit lästigen Menschenbesuchern fertig ist und es endlich losgeht. Denn erst die gemeinsamen Ausflüge bedeuten für das Tier das wahre Leben.

Mindestens zweimal, manchmal dreimal am Tag haben Thomas Mann und Bauschan eine feste Verabredung zum Spaziergang. Vor allem die Gänge in der Früh, gleich nach dem Aufstehen, sind dem Schriftsteller »heilig«. Gerade erst hat er im Manuskript von »Herr und Hund« niedergeschrieben, warum: »Es ist gut, so am Morgen zu gehen, die Sinne verjüngt, die Seele gereinigt von dem Heilbade und langen Lethetrunke der Nacht. Mit kräftigem Vertrauen blickst du dem bevorstehenden Tage entgegen, aber du zögerst wohlig, ihn zu beginnen, Herr einer außerordentlichen, unbeanspruchten und unbeschwerten Zeitspanne zwischen Traum und Tag.« So ein Morgenspaziergang durch grüne Stille – das bedeutet Auszeit. Und beileibe keine unproduktive! Gerade beim Gehen, findet er, laufen sich die Gedanken warm und finden neue Zusammenhänge. Die setzt er dann um, wenn er sich vormittags an den Schreibtisch setzt, für drei oder vier Stunden.

Das Schönste am Spaziergang mit Hund in der Morgenfrische ist doch die »Illusion eines stetigen, einfachen, unzerstreuten und beschaulich in sich gekehrten Lebens, die Illusion, ganz dir selbst zu gehören«, schreibt Mann weiter. Die genagelten Stiefel, die leichte Jacke, der Hund, die Landschaft. Mehr braucht er nicht, um sich frei zu fühlen.

Das Auge und die Seele, sie baden in wilder Schönheit. Die Natur umfängt selbst den unruhigsten Geist mit ihrer Unerschütterlichkeit, versichert ihm, dass es etwas gibt wie Gleichmaß und Schönheit, wenn auch vielleicht gerade nicht in ihm, und schenkt ihm Ruhe. Die gemeinsamen Exkursionen mit dem Tier, bei denen Thomas Mann allein sein darf, ohne einsam zu sein, bedeuten Frieden.

Denn daheim, aber auch hier im Ferienhaus, stürmt anschließend das Tagesgeschäft auf ihn los. Hier wartet Arbeit auf ihn, das literarische Leben geht immer weiter, er muss Briefe schreiben und die Fahnen der »Betrachtungen eines Unpolitischen« verbessern – von denen er sich mit seiner Hundeerzählung freischreiben will. Ins Ohr schrillt bisweilen Kindergeschrei und Personalgemaule, während er sich konzentrieren muss. Oder der strenge Ton der Gattin, der einem begriffsstutzigen Dienstmädchen gilt, aber leider auch ins Arbeitszimmer dringt. Ja, das ist der Tag, der vor ihm liegt, und deshalb sind die Frühstunden heilig. Diese kontemplative Auszeit darf er sich nicht nur nehmen, er muss es sogar, das wird wohl niemand bestreiten, denn er hat ja einen Hund und wird, wenn es nach ihm geht, auch immer einen haben.

»Herr und Hund«, das ist auch eine Studie über die inneren und äußeren Abenteuer von Spaziergängen. Es sind vor allem die Wege an der heimatlichen Isar im Münchener Herzogpark, die Thomas Mann in dieser Erzählung beschreibt. Da ist das stille Spektakel der Flora, all die silbrig-knorrigen, verwachsenen Weiden, in denen runde Mistellampions hängen, die Eschen, Espen mit ihren Zitterblättern, die zarten Birken, die das Schwemmgebiet prägen und oft wie mystische Riesenwesen wirken, wenn sie über und über mit Schlingpflanzen umwuchert sind. Das Landschaftskapitel macht dem Schriftsteller anfangs ziemliche »botanische Sorgen: Ich brauche Namen! Gerade, dass ich die Esche, die Birke bei Namen zu nennen weiß.« Ein Münchener Nachbar, Dr. Gruber, naturwissenschaftlicher Experte, gibt Nachhilfe, bei Spaziergängen an der Isar.

Inzwischen dürfte Mann so weit geschult sein, dass er auch am Tegernseer Ufer Weiden und Erlen bestimmen kann – hier prägt schließlich ebenfalls feuchter Grund die Vegetation, mit schilfartigem Gras, Brennnesseln, wildem Hopfen und schlingender Waldrebe, mit Jasminsträuchern und Farn. Eine freundliche Wildnis, auch hier, »kein Wald und kein Park, das ist ein Zaubergarten«.

Am Wasser sein, das ist das Glück. Hier am Tegernsee führen die Wege am Ufer entlang, entweder nach rechts um die Bucht des Ringsees bis nach Rottach-Egern oder noch weiter zum Hauptort Tegernsee, das ist immerhin eine Stunde durch hohe Schilfwälder und an sandigen Buchten vorbei – dort gibt es tatsächlich Sand wie am geliebten Meer, wenn auch weniger fein. Nach links läuft man über den

Feldweg oder am kiesigen Westufer nach Abwinkl, lässt die winzige Ringseeinsel hinter sich und geht weiter nach Wiessee, damals noch kein Bad Wiessee, weil erst 1922 wegen seiner Jod-Schwefelquellen als Kurort geadelt.

Auch in den bewaldeten Bergen, die sich schon fünf Gehminuten von der Villa Defregger erheben, warten Wasserfreuden, die der Spaziergänger in »Herr und Hund« zu schildern scheint: »Wie alle Gewässer vom Meere bis zum kleinsten Schilftümpel liebe ich Bäche sehr, und wenn mein Ohr, im sommerlichen Gebirge etwa, das heimliche Geplantsch und Geplauder eines solchen von ferne vernimmt, so gehe ich dem flüssigen Laute wohl lange nach, wenn es sein muß, um seinen Ort zu finden«. Hier gibt es kleine Wasserfälle, die sich über Felsstufen ergießen, grüne, eiskalte Bäche, beschattet von Tannen, und wenn ein Steg über einen Bach führt, steht Thomas Mann lange über das Geländer gebeugt, »verloren in den Anblick des Fließens, Strudelns und Strömens«. Der Mensch, glaubt er, fühlt sich ganz natürlich zum Wasser hingezogen, er besteht ja selbst zum größten Teil daraus.

Der Anblick des Wassers, ob des Meeres, eines Sees oder Baches, versetzt ihn in einen Zustand von Träumerei, Trance, Trost. Alles fließt. Es ist Sehnsuchtsort und Sinnbild des Lebens und rauscht immer wieder durch das Werk von Thomas Mann.

Nett auch, dass man hineinwaten kann, findet Bauschan. Vor allem an Julitagen wie diesen, an denen warmer Sommerwind weht, macht es ihm Spaß, sich in Bächen oder im See den Bauch zu kühlen. Tiefer mag er nicht hinein. Er ist, wie sein Herr, nicht unbedingt ein Schwimmer. Aber er kommt den Enten und Möwen so ein bisschen näher, die er gerne jagt. Ebenso wie Hasen, Feldhühner, Feldmäuse und Maulwürfe. Von alldem bietet das Land genug, ebenso wie Pferde, Kühe und Hühner, die zu den Höfen im Dorf Abwinkl gehören, und dass sich nirgends ein Hinweis auf dramatische Jagdgeschehnisse oder ungehaltene Bauern am Tegernsee findet, lässt darauf schließen, dass er seinem Herrn auf unvertrautem Terrain kaum von der Seite weicht. Offenbar ganz ohne Leine.

Bauschans Münchener Jagdabenteuern aber widmet Thomas Mann in »Herr und Hund« ein ganzes Kapitel. Es fasziniert ihn, dass sich dieses Tier, das so gutmütig mit den Kindern spielt und so treu nachts Wache an der Tramstation hält, dann in einen edlen Wilden verwandelt. Erst folgt er geschmeidig einer Fährte und rast davon mit Kampfgeheul, dann steht er, eine Pfote in klassischer Vorstehhaltung erhoben, wie ein Jägerdenkmal da, bevor er ein ausgebuddeltes Mäuschen zerfetzt oder einen kreischenden Fasan zur Seite fegt; »hohe Freude an sich selbst spricht aus jeder der kriegerischen, männlich ursprünglichen Posen«.

Was aus diesen Worten spricht, ist zumindest der militaristische Restrausch eines nicht ganz so unpolitischen Betrachters. Auf seinen Stock gelehnt, beobachtet Thomas Mann das Gemetzel von der Seite und platzt vor Stolz auf seinen Hund. »Du bist mir einer!«, sagt er dann, »ein schöner Mörder und Kannibale bist du mir ja!« Und Bauschan lacht.

Und falls ihm mal eine Jagd missglückt, macht er sich an die nächste. Weitermachen, einfach weitermachen! Davon kann ein Mensch, selbst der seine, der ja gerade einen Riesenflop der »Betrachtungen eines Unpolitischen« fürchtet, nur lernen.

Bauschans gewinnendes Wesen hat einmal, so erzählt es Thomas Mann, sogar ein Schaf in ihn verliebt gemacht. Am Münchener Isarufer war das, wo der Spazierweg hoch zum Brunnbach in Oberföhring und der Teichwirtschaft St. Emmeram führt, auf deren Wiesen Schafe weiden. Eines verfiel Bauschan auf den ersten Blick, löste sich von der Herde und folgte dem verwirrten Hund auf Schritt und Tritt. Mann und Hund mussten das Tier auf Bitten der Magd bis in einen Stall locken und sich dann rasch zurückziehen, bevor dem hereingelegten Schaf die Stalltür vor der Nase zugezogen wurde.

Dann war da das Abenteuer mit dem gejagten Hasen. Es ereignete sich während des Mittagsspaziergangs, für den der Schriftsteller auch immer dankbar ist, weil er bis dahin gearbeitet und Schreibkämpfe bewältigt hat, »dass es nur so knirschte«. Bauschan hetzt einen Hasen, der in seiner Verzweiflung auf Thomas Mann zustürmt – und diesem in die Arme springt. Das Hasenherzchen zuckt, seine Not ist ergreifend. Thomas Mann steht wie versteinert, bis der Hase das Weite sucht und Bauschan heranstürmt. Und von seinem Herrn mit einem harten Stockhieb ausgebremst wird, sodass er einen Abhang herunterstolpert.

Keine schöne Episode, obwohl man sich für den Hasen freut. Der Stock ist es, den der moderne Hundemensch missbilligt. Muss das sein, Herr Mann?

Der Stock kommt leider öfter zum Einsatz. Thomas Mann verwendet ihn, wenn sich Bauschan nach einem Bad im Bach genau neben ihm schüttelt. Mit dem Stock hält er sich den Hund auch vom Leib, wenn sich dieser, ängstlich fiepend, an die Seite seines Herrn drängt, weil ein fremder Rüde naht. Thomas Mann stellt sich nicht vor den eigenen Hund und dem anderen Tier in den Weg. Für Mann eine Frage der Sicherheit, um nicht womöglich selbst in eine Rauferei zu geraten. Für Bauschan die Erfahrung von Schutzlosigkeit in der Obhut seines Herrn.

Thomas Mann freut sich über die bittenden Augen Bauschans, mit denen er »nach Befehlen zu fragen schien, die ich vorzog nicht zu erteilen«. Anweisungen zu geben ist dem Schriftsteller zuwider. Das führt dazu, dass der Hund seine eigenen Schlüsse ziehen muss, was zu tun ist, wenn er etwa dem Herrn bis zur Tram nachläuft – einsteigen oder nicht? Am Hause bleiben oder nicht? Keiner sagt es ihm. Bauschan läuft im Galopp neben der Trambahn, die seinen Menschen da entführt, bis hinein in die Münchener Innenstadt, wo er zwei Tage verschollen bleibt. Ausgehungert und hinkend findet er zurück zur Familie in die Poschingerstraße.

Wird sein Herr, wenn er das nächste Mal das Haus verlässt, wieder Richtung Stadt ausgehen? Mann lässt seinen Blick »kalt und beschäftigt« über den Hund schweifen, er sieht dessen verzweifelte Ratlosigkeit und hofft doch, dieser werde schon verstehen: heute ohne ihn. Der Mensch tut dies aus schlechtem Gewissen. Der Hund bleibt sich selbst überlassen.

Erwünschtes Verhalten von unerwünschtem zu unterscheiden und dem Tier zu vermitteln, Fehlverhalten erst dann zu ahnden, wenn es als solches definiert worden ist, klare Botschaften senden und damit sichere Bindung zu schaffen – und das alles nonverbal? Nein, dieser spezielle Hundeherr kann es einfach nicht. Er verlässt sich auf hochgezogene

Augenbrauen, Humor und einen Stock. Und im Jahr 1918 gibt es weit und breit keine Hundeschule, deren Expertise hilfreich wäre.

Wäre sie überhaupt angenommen worden? Es ist schließlich die Wilhelminische Epoche, in der es zwar dauernd um Ordnung und Autorität geht, sich aber kein Mann belehren lassen will.

Es muss gesagt sein: Thomas Mann hat keine Ahnung von Pädagogik. Jede Art von Führung ist ihm fremd: Er ist ein zutiefst antiautoritärer Künstler, kein Erzieher. Das gilt für den Hund, womöglich fürs Personal, auf jeden Fall auch für die eigenen Kinder.

Erziehung ist Atmosphäre

Das zweite Frühstück schmeckt am besten. Es ist Sommerferientradition für die Kinder, dass ihre Mutter ihnen vormittags um zehn Uhr einen Imbiss in den Garten bringt, wo sie seit dem frühen Morgen spielen. In Bad Tölz, in den Vorkriegsjahren, gab es für jeden noch einen Apfel und ein Butterbrot, und wie fantastisch das war! Jetzt wird in der Villa Defregger eine klebrige Paste namens »Butterol« aufs Brot geschmiert, mit etwas Glück Kunsthonig. Butter: eine köstliche Erinnerung. Äpfel sind noch nicht reif. Und trotzdem markiert der Moment, in dem ihre Mutter Katia über die Wiese kommt, in einem buntbestickten Folklorekleid und ein Tablett in den Händen, den ersten leuchtenden Augenblick eines Sommertags.

Dass die vier großen Kinder Erika, 12, Klaus, 11, Golo, 9, und Monika, 8, am Tegernsee ganz »selig« sind, hat ihr Vater gespürt. Und sofort verstanden:

Auch für ihn ist ein Haus am See ein großer Traum und »etwas wie eine Lebensfrage«.

Den ganzen Tag sind sie hier draußen, es herrscht herrlichste Verwilderung. Immer sind sie barfuß. Neue Schuhe sind im Krieg »fast so kostbar wie Wurstbrote«, weiß Klaus, der wie seine Geschwister seit einem Jahr nur in Holzpantinen zur Schule geht, oft sogar mit bloßen Füßen. Ihre Kleider sind so zerschlissen, dass Klaus' Hose hinten in Fetzen hängt, als er sich einmal vom Sitzbrett im Boot erhebt. Was soll's? An diesen heißen blauen Tagen tragen sie eh meistens Badeanzug, dazu ungekämmte Pagenköpfe. Den Eltern ist zwar wichtig, dass ihre Kinder mit Messerbänkchen hantieren und tadellose Manieren vorweisen können, aber an einer bohèmehaften Aufmachung haben sie durchaus Freude.

Zum Freiheitsgefühl der Kinder trägt zudem bei, dass sie am See ebenso wenig wie in München unter Dauerbewachung ihrer Eltern stehen. Die haben Besseres zu tun: Der Vater schreibt, denkt oder ruht; die Mutter managt ihn, den Haushalt und ihr neues Baby. Die Kinder lassen sie in Ruhe; die sollen sich selbst beschäftigen, und das können sie auch. Sie sind eine eingeschworene Clique mit einer Geheimsprache, die andere sowieso nicht verstehen. Nur Eingeweihte wissen, dass »üsis« niedlich und süß bedeutet, dass Spitznamen extravagant sein müssen und die Mutter »das Mielein« ist.

Den amüsanten Familienduktus haben die Kinder den Eltern abgelauscht. Ihr Vater glaubt: »Erziehung ist Atmosphäre, weiter nichts.«

Für die Geschwister ist der Tegernsee eine türkis glitzernde Sensation. Dieses von Bergen umstandene Gewässer ist so viel schöner und unberechenbarer als der niedliche Klammerweiher am einstigen »Tölzhaus«, dessen Verlust sie nie vergessen, aber bei diesem Ersatz verschmerzen können. Bei rasantem Wetterumschlag bauen sich nachmittags dunkle Wolken auf und versetzen Wind und Wellen in gewaltige Bewegung. Das Wasser verfinstert sich ins Bleigraue, auf der Oberfläche tanzen Schaumkronen. Wenn die Kinder dann mit dem bedrohlich schaukelnden Ruderboot unterwegs sind, wird's mulmig. Sind das Fräulein Amalie oder die Köchin Josefa dabei, kreischen diese flehend: »Heimwärts!« Klaus, »der Aissi«, erinnert sich später mit begeistertem Schauer: »Wir wären mehrfach um ein Haar ertrunken – vor allem ich, der immer noch nicht richtig schwimmen konnte.«

Die Gefahren des Sees sind den Kindern wohlbekannt. Man hat ihnen zur Warnung gruselige Geschichten erzählt. Vom berühmten Opernsänger Leo Slezak etwa, der jeden Sommer drüben in Egern wohnt und der erst ein paar Jahre zuvor mit seinem Segelboot gekentert war. Als guter Schwimmer hatte er das Ufer erreichen können, sein Freund, der Operettensänger Fritz Sturmfels, nicht.

Auch vom unheimlichen »Seezug« dürften die Kinder gehört haben, den spüren sie selbst beim Schwimmen, wenn er an den Beinen zieht. Der Sog entsteht, wenn die Bäche Rottach, Söllbach und Weißach ihr frostiges Gebirgswasser in den Tegernsee spülen, die Weißach direkt in die Ringseebucht, und die Mangfall dann im Norden einen natürlichen Ablauf bildet. Der Seezug drückt alles nach unten und hält es dort fest. Da geht man besser nicht unter. »Der See gibt seine Opfer nicht her«, wissen die Einheimischen. Zu den vielen Wasserleichen gehört auch ein Teil der Baumstämme, die bei der Holzdrift aus dem Söllbachtal über den See geschickt werden. Morgens, wenn der alpine Südwind am stärksten ist, macht man sich diese Strömung zunutze und treibt sie nach Gmund, Richtung Norden. Die hängen gebliebenen Stämme müssen mit Booten gezogen werden. Alles, was sinkt, wird zum unsichtbaren Parkettboden des Gewässers.

In der geschützten Bucht des Ringsees sind Schwimmer und Ruderer sicherer vor den heftigsten Winden und Strömungen. Aber auch hier kippelt das Boot, wenn die Kinder den Platz wechseln, und schickt mal eine kleine oder einen kleinen Mann über Bord. Golo ist sogar ins Wasser gefallen, als er auf dem feuchten Steg ausrutschte.

Gelegentlich begleitet ihre Mutter Katia sie bei diesen Touren. Dann nimmt sie selbst das Ruder in die Hand – sie kann nicht anders, in allen Familienbelangen – und schippert mit den Kindern seeaufwärts, immer am Westufer entlang. Erst umrunden sie die mit Gras und Weiden bewachsene Ringseeinsel, die nur siebzig Meter vom Ufer entfernt liegt und so etwas wie einen Wachposten vor dem Eingang zum Ringsee bildet. Weiter geht es an Altwiessee und dem in der Nähe gelegenen Kainzenhof vorbei. Er ist im Besitz der Familie von Miller. Die kennt man, weil der Erzgießer Ferdinand von Miller ein Münchener Wahrzeichen geschaffen hat: die 18 Meter hohe Bavariastatue an der Theresienwiese.

Noch ein Stück weiter oben am Franzosenwäldchen, am Ortsende von Wiessee, haben die Furtwänglers ihr Haus am Wasser. Ein reizvolles Ziel, weil dahinter die hübsche Finnerbucht liegt, neben Ringsee und Egerner Bucht am Südende des Tegernsees die dritte größere Einbuchtung. Der Dirigent Wilhelm Furtwängler allerdings ist bei Erika nicht in guter Erinnerung geblieben. Weshalb? »... weil er damals meiner Mutter einredete, wir vier Kinder müßten stets je an einem Ruder sitzen, während sie nichts tat als steuern. Naturgemäß wurde dem scheußlichen Vorschlag nicht auf die Dauer stattgegeben. Die eine Woche jedoch genügte vollauf.«

Den Einheimischen gelten übrigens weder »der Furtwängler Willi« noch »der Walter«, sein Bruder, als Wassersportexperten. Deren schlechtes Timing sorgt für gutmütiges Gefrotzle, weil sie anscheinend regelmäßig mit ihrem Boot in ein Unwetter geraten. »Leute, schaut's, dass' vom See kommt!«, heißt es dann: »Die Furtwängler-Brüder takeln auf: Es kommt Sturm!«

Das Boot der Defregger-Villa dient nicht nur als schwimmendes Spielzeug. Von hier aus angeln die Kinder, und nicht nur zum Vergnügen. Alle haben Hunger, jedes Fischlein ist willkommen.

Leider hilft niemand mit Tipps oder wenigstens mit einer gescheiten Angel. Die Kinder fischen mit Schnur, Stecken und Angelhaken. Ihre Beute sind winzige »Bürschlinge« oder nur 25 Zentimeter lange Rotaugen, recht schmackhaft, aber furchtbar grätig. Dabei lockt unter der funkelnden Oberfläche des Ringsees ein Schlaraffenland mit Renken, Saiblingen, Seeforellen, Karpfen, mit Aalen in den Seerosenfeldern und sogar mit Hechten. Hechte finden sich so reichlich, dass man mit etwas Glück drei Stück in der Woche rausziehen könnte – mehr würde man bei ihrer Größe von 1,30 Meter auch gar nicht verzehren wollen. Aber dazu brauchte man eben eine belastbare Angel und als Köder eine Renke. Mit kleinen Rotaugen kommt man nicht weit. Trotzdem, die Kinder sind stolz, wenn sie damit und mit selbst gesammelten Schnecken zum warmen Mittagessen beitragen, der Hauptmahlzeit der Manns.

Ihr See, ein Abenteuerspielplatz. Auf einem Foto dieses Sommers sitzen die vier ältesten Kinder auf dem Steg des Defregger-Bootshauses, die Gesichter in der Sonne, am Leib ihre gestreiften, ärmellosen Einteiler, in denen sie auch schwimmen und planschen. Die Beine baumeln im gleißenden Wasser. Nicht weit davon entfernt lauern die Ringsee-Hechte mit ihren spitzen Zähnen unweit der Oberfläche in der Stille und werfen kalte Seitenblicke. Golo und Moni blicken ahnungslos in die Kamera, Golo lächelt brav, Erika und Klaus haben Besseres zu tun: Sie besprechen sich mal wieder.

Die beiden Ältesten, nur ein Jahr auseinander, sind engste Komplizen. Beide sind sie klug, kreativ und sehr hübsch. Erika gilt als praktisch veranlagt, seit sie der Familie mit einer Prise Salz die Suppe gerettet hat. Ausgestattet mit einem etwas anstrengenden Gerechtigkeitssinn, findet sie empörend, dass der Vater bei Tisch das Beste erhält, während man ihnen Schnecken vorsetzt. Oder dass er die gesamten familiären Zuckerrationen genießt, bevorzugt von der

Mutter, und einem Gast auch noch arglos sagt: Wie, Zuckermangel im Krieg? Nicht dass er wüsste.

Trotzdem geht sie Katia gerne zur Hand und wächst allmählich in die Rolle hinein, die diese ihr zugedacht hat: als Stellvertreterin und Vertraute. Der Vater hat besonderen Spaß an ihr, weil »die Eri« – in Bayern betrachtet auch die Oberschicht den Artikel als Namensbestandteil – witzig ist wie keins seiner Kinder. Sie ist ein »großer Aff'«, sein Hofnarr. Wenn sie in deftig bayerischem Dialekt Leute nachahmt, kann er sich ausschütten vor Lachen. Eloquenz und Witz zählen bei den Manns eben mehr als Bravheit und gute Schulnoten. Diese Erfahrung macht Erika angstfrei – und mächtig. Die Geschwister mit plötzlicher Kühle zu foltern gehört zu ihren Spezialitäten.

Dem sehr geliebten, ein Jahr jüngeren Klaus aber hilft »die Eri« immer, auch bei seinen ersten Gedichten. Dem Vater legen sie das Ergebnis morgens zum Frühstück unter die Serviette:

»Der böse Mörder Gulehuh,
Der jagte eine bunte Kuh.
Die bunte Kuh, die sträubt sich sehr,
Der Gulehuh kriegt das Messer her.
Er haut der Kuh das Köpfchen ab,
Der Bauer kommt daher im Trab (...)
Da weint der Mörder Gulehuh,
Da weint er sehr und schreit huhu –«

Der Stoff stammt vermutlich von Klaus, denn dem kann es nicht gruselig genug sein. Wenig macht »dem Aissi« so viel Spaß, wie seinen jüngeren Bruder Golo mit ausgedachten Geschichten zu erschrecken. Golo, von »skurriler Ernsthaftigkeit« und mit einem »masochistischen Hang zur Demütigung«, trippelt stundenlang auf der Wiese vor dem Haus oder am See neben dem bewunderten großen Bruder her, der so viel selbstsicherer und mutiger scheint, und lässt sich freiwillig in Angst und Schrecken versetzen. Zum Beispiel, wenn Klaus langsam und mit drohender Stimme sagt: »Ich bin nämlich eigentlich gar nicht der Klaus – die ganze Zeit habe ich mich verstellt – ich bin nämlich eine Hexe –!!« Dann verzieht sich Golos kleines Gnomengesicht unter dem Pagenkopf, und er wimmert: »Laß doch, laß doch nur – du weißt doch, ich *mag* das nicht –«

In einem Schriftstellerhaushalt schwankt die Realität, das spürt Golo, »das Künstlerische und das Wirkliche oder sogenannte Wirkliche vermischt sich auf sonderbare Weise«. Sich die blühende Wiese als Deck eines Ozeandampfers vorstellen, stundenlang darauf promenieren und sich Schicksale von Millionären und anderen Erste-Klasse-Passagieren auf diesem großen Schiff ausdenken: Fertig ist das »Gro-Schie«-Spiel der Mann-Geschwister, während der Hund als »König Bauschan« nebenhertapst und sich über diesen sonderbaren Spaziergang wundert, der immer nur im Kreise führt. Der fantasievolle Klaus schreibt die Luxusdampfer-Geschichten dieses Sommers in einem blauen Schulheft auf, er überlegt sich Gedichte, Romane, Dramen und plant die Gründung eines Theatervereins. Ganz wie der Herr Papa, den er bewundert und ein bisschen scheut, wird er bald ein Tagebuch führen. Und darin nachts, bevor neuerdings diese verwirrenden, todsicher verbotenen Träume anrollen, notieren: »Jetzt ist es dunkel. Ich möchte so gerne berühmt werden.«

Erika und Klaus erblühen in der künstlerischen Familienatmosphäre. Auf Golo und Monika wirkt sie etwas einschüchternd. Im Alter stehen sie einander nahe, beide sind zurückhaltend, aber trotzdem bilden sie keine feste Einheit wie das große Geschwisterpaar. Golo, dem drolligen »Wurzelmännchen«, hat man so oft im Scherz gesagt, er sei hässlich, dass er es selbst glaubt. Jetzt versucht er, sich wenigstens gefällig zu erweisen: Für Klaus erledigt er Botengänge und spielt Nebenrollen in dessen Theaterstücken, die den amüsierten Eltern vorgeführt werden. Dann spricht er seinen Prolog über Stadtlokale, »wo man pikante Schnäpse trinkt und eine schöne Dame singt ...«, und lacht anzüglich, ein Regieeinfall von Klaus.

Abends hält Golo einsame Wache am Steg der Defregger-Villa. Wenn die Eltern von ihrer zweisamen

Ruderfahrt auf dem Ringsee zurückkehren, hilft der Neunjährige, das Boot unters Dach zu ziehen. Unvergessliche, exklusive Momente. Seine Mutter liebt er ohnehin heiß, aber den Vater dann heiter und ohne Zornesfalte zwischen den markanten Brauen zu sehen, ist ein besonderes Glück.

Genau wie das Zusammensein mit dem Hund. Golo hängt an Bauschan, der oft genauso still wartet wie das Kind: darauf, mitmachen zu dürfen, zugehörig zu sein, Aufmerksamkeit zu erhalten. Golos Zuneigung zu Hunden wird eine Lebensliebe werden.

Interessant, dass sich Monika an den Sommer am Tegernsee nicht so prägnant erinnern wird wie ihre Geschwister. Auf dem Kinderfoto vom Steg blickt sie etwas verwirrt in die Kamera. Sie ist noch stiller als sonst in diesen Monaten, denn sie ahnt: Das neue Baby hat sie vom Thron des Nesthäkchens geschubst. Alles dreht sich um die kleine Elisabeth, die wie ein Wonneproppen kräht und alle entzückt. Dabei war doch sie, »die Moni« mit ihren langen Locken und ihren Pausbäckchen, die kleine »Puppaliesa«, das Püppchen der Familie! Zum Glück hat sie ihre eigene verwunschene Welt, in die sie sich flüchten kann: Sie sammelt Blütenblätter in ihrer Dirndlschürze auf und sortiert sie unter einem Baum, leise summend.

An sommerlichen Samstagabenden, nach einem langen Tag in der Sonne beim Planschen, nachdem winzige Rotaugen gefischt, ausgenommen, gebraten und verzehrt wurden, Bauschan gestreichelt, die Kleinen von den Großen ausreichend gegängelt worden sind, findet das wöchentliche Bad der Kinder mit sandiger Ersatzseife statt. Es gibt ein kaltes Abendessen, dann liest Katia etwas vor. Sie wählt Geschichten, die auch für Erwachsene taugen, denn wenn bei Manns pädagogischer Ehrgeiz gilt, dann in kulturellen Dingen. Sie trägt etwa E. T. A. Hoffmanns »Sandmann« oder Brentanos »Geschichte vom braven Kasperl und dem schönen Annerl« vor. Als sie einmal aus der »Geschichte vom braven Kasperl« liest, hält sie kurz inne und überschlägt etwas. Es ist die Stelle, an der »ein Deutscher sich immer ein wenig schämt, zu sagen, er sei ein Schriftsteller«. Die Kinder sollen nicht denken, ihr Vater habe einen etwas zweifelhaften Beruf.

Sie denken es auch nicht. Dass seine Arbeit ernst und innerlich ist, sehen sie an seiner grüblerischen Selbstversunkenheit, dem Zorn, wenn sie vor dem Arbeitsfenster lärmen, der Strenge, die er dann ausstrahlt. Aber wenn er statt der Mutter vorliest, dann sind es Sternstunden. Er ist ihnen dann ganz zugewandt, konzentriert auf sie, die Kinder, sein Publikum, und er wartet gespannt auf dessen Reaktion.

In diesem Sommer liest er aus dem halb fertigen Manuskript von »Herr und Hund«: »Ich sehe wohl durch die Glastür meines Zimmers, wie er sich auf der kleinen Gartenwiese vorm Haus auf onkelhafte, ungeschickt possenhafte Art an den Spielen der Kinder beteiligt.« Die Kinder staunen: Dies ist eine wahre Geschichte, und die Hauptfiguren, die kennen sie ja! Das ist ihr Bauschan, um den es geht, sie selbst kommen vor und ihr Vater auch!

Am meisten staunt Klaus. Man kann also tatsächlich als ernst zu nehmender Schriftsteller – über sich selbst schreiben. Das ist ja interessant. Das eröffnet ganz neue Perspektiven.

Dann steht der Mond über der Kuppe des Wallbergs, Bauschan rollt sich auf der Veranda auf einer Decke zusammen, die Luft ist lau, und im Bootshaus schaukelt ein fest vertauter Kahn. Zu Bett gehen große und kleine Künstler in der Villa Defregger.

Mein Katjulein

Noch mal kurz zu Katia Manns Folklorekleidern. Davon besitzt sie keineswegs nur eines, sondern so unendlich viele, dass sie in der Familie einfach »die bulgarischen oder rumänischen« heißen. Sie trägt diese langen Leinenkleider mit den gebauschten Ärmeln und bunten Handstickereien seit den Zeiten im Tölzer Landhaus, die geflochtenen Zöpfe dazu in einer Art Gretelfrisur um den Kopf gewunden. Als edle Pseudobäuerin wandelt die Frau des Schriftstellers dann gern durchs Grüne, um im Garten Dahlien für die Vase zu schneiden oder mit den Kindern in die Himbeeren zu gehen.

Auch vom Tegernseer Sommer 1918 gibt es ein Foto mit Folklorekleid. Katia Mann steht auf der Wiese und hält die kleine Elisabeth auf dem Arm, ein kahles Baby mit nackten, nach oben strampelnden Beinen. Dass die Kleine kein Höschen trägt, stört hier niemanden. Es ist ein flirrend heißer Sommertag, man ist unter sich, und bei Manns geht es legerer zu als vermutet. Gleißendes Licht liegt auf den klaren Zügen der Mutter, ihrer prägnanten Nase, den Wangenknochen und dem vollen, lächelnden Mund. Es ist das Bildnis einer schönen Frau von 35 Jahren, Mutter von fünf Kindern, Gattin eines bekannten Schriftstellers, eine Sommerfrischlerin am Ufer eines der malerischsten Seen Bayerns, selbstgewiss und sonnig.

Das Kleid, das sie an diesem Tag trägt, ist nicht einfach nur ein Gewand aus bunten Stoffbahnen im slawisch anmutenden Mustermix. Wie jedes Kleidungsstück sendet es eine Botschaft über die Trägerin, seit jeher eingearbeitete Metaebene von Mode. Diese Botschaft hier lautet: »Frau Thomas Mann« ist zu klug für den Fehler, in Oberbayern sofort ins Dirndl mit Mieder und Schürze zu schlüpfen, wie es »zugroaste« Städterinnen gern tun – die sich dann wundern, wenn die Einheimischen spöttische Blicke werfen. Am traditionsreichen Tegernsee kommt Anbiederei schlecht an. In diesem Sommer wird die lokale SPD die »maskeradenhafte Kostümierung« solch aufgemaschelter Urlauberinnen als »unwürdig« abwatschen.

Nein, Katia Mann, 1883 in Feldafing am Starnberger See geboren und damit waschechte Bayerin, weiß auch ohne Dirndl, wer sie ist und dass sie hierhergehört. Deshalb erlaubt sie sich die Extravaganz, eine

Art exotischer Tracht zu tragen: als Distinktionsmerkmal und gleichzeitig als Reminiszenz ans Landidyll. Das handgefertigte Unikat ist so geschmackvoll wie unkonventionell und das perfekte Sommerkleid einer Frau, die eben nicht nur Hausfrau und Mutter ist, sondern heimliche Königin eines Künstlerhaushalts. Sich unangepasst und besonders geben – das können nur diejenigen, deren Stellung unangefochten ist.

Katias Selbstsicherheit und Klugheit wurzeln in ihrer Herkunft. Ihr Vater, Geheimrat Alfred Pringsheim, ist Mathematikprofessor an der Universität München, millionenschwerer Erbe einer deutsch-jüdischen Unternehmerfamilie und wahrscheinlich der wohlhabendste Mann Bayerns, außerdem Wagnerianer und Kunstsammler. Ihre Mutter, Hedwig Pringsheim, führt als geistreiche Tochter der Schriftstellerin und Feministin Hedwig Dohm einen Salon, in dem die bedeutendsten Künstler der Residenzstadt zu Gast sind. Das luxuriöse Pringsheim-Palais in der Münchener Arcisstraße gleicht einem Museum und atmet sowohl Großbürgerlichkeit als auch künstlerische Liberalität.

Man ist märchenhaft reich, aber nicht spießig. Mit den größeren Söhnen unternahmen Pringsheims Fahrradtouren durch Europa, bis nach Oslo. Alle fünf Pringsheim-Kinder – Katharina, genannt Katia, ist die einzige Tochter – wussten früh von den außerehelichen Affären des Vaters, dem »Fay«, und insbesondere von dessen Favoritin, der Wagner-Sängerin Milka Ternina. »Der Fay« solle ja »höchst flatterhaft« sein, sagte Katias zwölfjähriger Bruder Erik abgeklärt, während die kleine Katia sich sorgte, »der Fay« werde womöglich noch mal Vater werden, »aber dann jagen wir Milka mit'n Kind fort«. Mutter Hedwig bewies Souveränität gegenüber ihrem »furchtbar süßen kleinen Mann« und erzählte ihm damals stolz, wie originell die gemeinsamen Kinder sich wieder ausgedrückt hätten.

Sie weiß den (tatsächlich etwas kurz gewachsenen und zudem glatzköpfigen) Gatten zu nehmen, der nicht nur furchtbar süß, sondern auch entsetzlich jähzornig sein kann. Wegen Beleidigung seines Idols Richard Wagner hat er einst einem Mann mit dem Bierkrug auf den Kopf geschlagen und sich duelliert. In München betrachtet man ihn also als hochgebildeten Wutzwerg und nennt ihn den »Schoppenhauer«.

Mit den schwarzen Augen, dunkler Mähne und ihrer delikaten Anmut gleicht die junge Katia einer »morgenländischen Prinzessin«, findet nicht nur die Dichterin Else Lasker-Schüler. Das Mädchen ist privilegiert und gescheit, zählt zu Münchens ersten Abiturientinnen und hat sogar ein paar Semester

Experimentalphysik und Mathematik studiert. Die feministische Großmutter Dohm kann stolz sein und hofft auf eine Promotion der Enkelin.

Doch dann: Auftritt Thomas Mann. Dem jungen Schriftsteller, Sohn eines Kaufmanns und Senators aus Lübeck, war schon mit 25 Jahren mit dem Roman »Buddenbrooks« ein riesiger Erfolg gelungen. Jetzt lebt er als aufstrebender Star der Literatenszene in München. Die schöne, temperamentvolle und lachlustige Katia ist ihm im Konzertsaal aufgefallen, dann in der Münchener Trambahn, wo sie sich mit dem Billet-Kontrolleur ein Wortgefecht geliefert und gewonnen hatte. »Du Furie!«, hatte ihr der Schaffner in verzweifelter Bewunderung hinterhergerufen, und Thomas Mann war verzückt.

Auch das glanzvolle Milieu im Palais Pringsheim gefällt dem ehrgeizigen Schriftsteller ausgezeichnet. Schließlich hat er sich vorgenommen, seiner künstlerischen Existenz vorsichtshalber »eine Verfassung« zu geben, wie er dem großen Bruder Heinrich schreibt. Der Bruder hat so etwas wie eine »Verfassung« nicht nötig, denn die Freiheit, auch die erotische, macht ihm im Gegensatz zum Jüngeren kein bisschen Angst.

Thomas Mann auf Freiersfüßen, eine kleine Komödie. Von Katia träumt er jede Nacht und erwacht mit »einem völlig wunden Herzen«. An ihre schönen

Augen, »schwarz wie Teer«, und deren »dunkel fließende Sprache« denkt er unentwegt. Aber von so viel Liebesglühen merkt man ihm wenig an. Seine Besuche absolviert er sehr förmlich mit Anzug und frisiertem Schnurrbart. Dank seiner Eleganz, des gut geschnittenen Gesichts und seines eigentümlich forschenden Blicks bietet er eigentlich einen interessanten, sogar ziemlich attraktiven Anblick. Da er aber vor lauter Korrektheit so blässlich und stocksteif wirkt, wird er von Katias Brüdern nur »der leberleidende Rittmeister« genannt. Die Umworbene ist zögerlich. Kein Wunder, wenn der Galan in unnötiger Ehrlichkeit dauernd »die ganze Nervosität, Künstlichkeit und Schwierigkeit« seines Wesens betont, sich als »reservirten Sonderling« outet und ein höchstens »strenges Glück« verspricht.

(Arme Schriftstellerbräute. Knapp zehn Jahre später muss eine gewisse Felice Bauer in Briefen des Prager Bewerbers Franz Kafka lesen, dass sie in der Ehe mit ihm nicht etwa ein »lustiges Plaudern Arm in Arm« erwartet, sondern »ein klösterliches Leben an der Seite eines verdrossen schweigsamen, unzufriedenen Menschen«. Aus der Sache wird schließlich nichts.)

Aber Thomas Mann hat Glück und Unterstützer. Sogar der Hausdiener der Pringsheims begünstigt die Werbung eines so höflichen Herrn, dem er beim Eintreten verschwörerisch zuflüstert: »Fräulein Katju sind im Garten.«

Den Ausschlag geben Thomas Manns Liebesbriefe von 1904. Sie sind, findet die überraschte Katia, »wunderbar schön«, »sehr leidenschaftlich«, sogar »draufgängerisch«. Eine Prinzessin sei sie, schwärmt Thomas, und er, »der ich immer – jetzt dürfen Sie lachen, aber Sie müssen mich verstehen! – der ich immer eine Art Prinz in mir gesehen habe, ich habe, ganz gewiß, in Ihnen meine vorbestimmte Braut und Gefährtin gefunden«. Wenn Katia sich bei einer Münchener Theateraufführung der Komödie »Der Revisor« umdreht, um zu sehen, was für ein Gesicht Thomas auf seinem hinteren Klappsessel bei einer kuriosen Szene macht, freut ihn, schreibt er ihr, das Freche, das »neugierig Klein-Mädchenhafte« ihres Wesen einfach unbändig, und die Heiterkeit schmilzt seine Kühle weg. Wenn stumme Verständigung durch Blicke, vor allem über etwas Komisches, kein gutes Zeichen für eine gelingende Ehe ist, dann weiß er auch nicht.

Lustig kann er plötzlich sein, mit ihr. »Einmal in den guten Tagen, als Sie noch sehr viel Respekt vor mir hatten ...«, heißt es in einem Brief an Katia. Wenig später kommt der Moment, als »Sie mir – unsterbliche Redensart – ›Ihre Bücher zeigten‹...« Kurz darauf ist Verlobung, geheiratet wird am 11. Februar

1905. Die ersten Kinder werden 1905 und 1906 geboren, und aus ist es mit der akademischen Ausbildung der Katharina Pringsheim.

Dreizehn Ehejahre später steht sie auf einer oberbayerischen Wiese und hält ihr fünftes Kind auf dem Arm. Es wäre ihr siebtes, hätte sie 1911 und 1913 nicht zwei Fehlgeburten erlitten. Geheiratet hat sie ja vor allem, weil sie Mutter werden wollte, und diese Rolle ist ihr großes Glück. Und bis jetzt ein Erfolg. Die Kinder hängen innig an ihrem »Mielein«, das so herzlich und robust ist. Mit ihr kann man rodeln und schwimmen, sie lässt fünfe gerade sein (auch, weil sie selbst chaotisch ist und dauernd etwas verlegt) und findet mit ihrer schnellen, tiefen Stimme Worte des Trostes. Ihr vom Vater geerbter Jähzorn ist zwar gefürchtet, dafür hat sie den Humor ihrer Mutter. Es macht Katia viel Spaß, wenn die Kinder ihre Theaterstücke aufführen und sich grotesk kostümieren.

Auch die Ehe mit ihrem Mann Thomas verläuft harmonischer als erwartet. So streng ist das Glück mit ihm gar nicht, vor allem nicht in den ersten zehn heiteren Jahren. Die Kinder spritzt er mit dem Gartenschlauch nass und führt ihnen vor, wie man auf der Untertasse Eidotter mit einer kleinen Gabel so perfekt schlägt, dass Schaum entsteht. Seines oft zurückhaltenden Auftretens wegen nennt Katia ihn »mein Reh« oder »liebes Rehherz«, und sie nimmt ihn gerne auf die Schippe. Kurz vor ihrem 26. Geburtstag hat sie in gespielter Betrübnis geklagt, ach je, jetzt werde sie auch schon dreißig. Er, zerstreut und aufmunternd: »Sieh mal an, mein Katjulein.«

Der drollige Umgang miteinander, die Kinder, die Arbeit, der Ruhm, die Familienvilla in Münchens feinster Lage als prestigereiches Zuhause – ihre Ehe steht auf festem Fundament. Sie folgt den Grundsätzen kultivierter Zweisamkeit im emotional unaufgeklärten frühen 20. Jahrhundert: klare Rollenverteilung, Contenance, keine amourösen Vergleichsmöglichkeiten. Nur ungewöhnlich, dass Letzteres für beide Partner gilt.

Denn anders als ihr Vater Pringsheim gilt Thomas als treuer Ehemann. Dass er vor ihr nur für männliche Jugendfreunde so geschwärmt hat, dass ihn immer noch homosexuelle Sehnsüchte quälen und dadurch die Einsamkeit eines Geheimnisses, hat er ihr zu Beginn nicht gestanden. »Völlig darf ich mich ihr ja doch nicht mittheilen«, hat er 1904, vor der Hochzeit, für sich notiert: »Meinem Gram, meinen Qualen ist sie nicht gewachsen.«

Anscheinend ist sie es doch, denn irgendwann weiß sie Bescheid. Katia kann zwischen den Zeilen lesen, zum Beispiel im »Tod in Venedig« von 1911, dieser Geschichte der Entwürdigung eines gefeierten Schriftstellers durch die Liebe zu einem Knaben.

Sie weiß ja, dass Thomas Mann findet, nicht erfindet. Dass er sich in seinem Werk künstlerisch ausspricht, die Masken fallen lässt und von sich schreibt, »von mir, von mir …«, immer nur von sich, den Sehnsüchten, der Scham und vor allem von den Ängsten: dass jede Form von Anderssein zum Außenseiter macht und Gefühle einen preisgeben. Dass es eine »Heimsuchung« wilder Leidenschaft geben könnte in einem kunstvoll konstruierten Leben. Und dass dann alles vernichtet wird: das Ansehen, die Würde, die Existenz.

Immer wieder stellt der Schriftsteller die Fragen, die einen Menschen begleiten, der sich schwertut mit dem Leben: Wie kann man in einer Welt bestehen, die einen stets bewertet und der man sich doch zugehörig fühlen will? Wie der existenziellen Anstrengung standhalten, dem Bild zu entsprechen, das man in der Öffentlichkeit von sich entwirft? Wie umgehen mit dem Menschlichen, allzu Menschlichen, dem eigenen und dem der anderen? Wäre die richtige Haltung all den Peinlichkeiten des Lebens gegenüber womöglich einfach – Sympathie, Mitgefühl und heitere Ironie? Und wie erringt man die dazu nötige Souveränität?

Dieser universelle Subtext macht Thomas Mann zum Seelenkenner der Schwierigen, Begabten und Verzagten. All derer, die genauso kompliziert sind, wie er sich selbst einmal charakterisiert hat: *»Ehrgeizig, eitel, liebegierig / Verletzlich, eifersüchtig, schwierig. Unzufrieden, maßlos, ohne Halt / Bald überstolz und elend bald.«*

Thomas Mann ist eben nicht nur der Stararchitekt stilistisch makelloser Wendeltreppensätze. Er weiß um die Qualen der Ambivalenz, und zwar schmerzlich genau. Diese Einsicht in das Menschliche macht sein Werk so groß und zeitlos. Deshalb gilt es in dieser Familie als ebenso wichtig wie die Kinder und wird von seiner Frau gegen jede Störung verteidigt. Sie spürt, dass sein Schöpfer die repräsentative und ungeheuer disziplinierte Haltung, für die ihn viele bespötteln und manche hassen, braucht, weil es ihn sonst zerlegt.

Bringt sie in dieser Ehe ein Opfer?

Seiner Liebe ist sie sich sicher, und was ihr wichtig ist: In seine Arbeit bezieht er sie ein, liest ihr als Erster vor, und missfällt ihr eine Stelle partout, dann streicht er. Sie begleitet ihn auf Vortragsreisen und agiert als Vermittlerin und Vertreterin seiner geschäftlichen Interessen. Obwohl andauernd beisammen – beide im »Homeoffice« –, geht ihnen der Gesprächsstoff nie aus: nicht beim gemeinsamen Frühstück, nicht beim Mittagessen, und ist sie krank, sitzt er an ihrem Bett. Noch in einiger Zeit, nach 17 Jahren Ehe, wird es in seinem Tagebuch heißen, die Beziehung sei gerade wieder »sehr sinnlich«. Und: »Nach dem Abendessen bei K., die mich mit der Hand ihren Körper, Rippen und Brust streicheln ließ, was meine Sinnlichkeit sehr erregte.« Nicht immer klappt alles, wie es könnte. Es liegt an ihm, wie er selbstkritisch vermerkt, und seine »Dankbarkeit für die Güte in ihrem Verhalten zu meiner sexuellen Problematik ist tief und warm«.

Er gibt sich Mühe, ihr Mann, der schon als Junggeselle in seiner Novelle »Tonio Kröger« aus dem Jahr 1903 geschrieben hatte: »Er ging den Weg, den er gehen musste (...) und wenn er irreging, so geschah es, weil es für etliche einen richtigen Weg überhaupt nicht gibt.«

Manche Wege geht man überhaupt besser allein. Idealerweise mit Hund. Auf seinen Spaziergängen begleitet Katia ihren Mann nie. Es herrscht ein unausgesprochenes Übereinkommen, dass, wer 24 Stunden gemeinsam unter einem Dach verbringt, Pausen braucht, und Thomas Mann verbringt diese im Arbeitszimmer oder auf den Wegen mit Bauschan. Was Katia angeht: Von ihr aus brauchte man ja keinen Hund im Haus. Sie sieht aber ein, wie gut das Tier der Stimmung seines Herrn tut, und deswegen begrüßt sie auch die Arbeit an der Hundegeschichte, die ihn hier am Tegernsee beschäftigt. Die bringt ihn wenigstens auf andere Gedanken.

Denn seit drei Jahren schon ist Thomas so verdüstert, dass die Kinder sich oft wegducken. »Weniger lustig« sei der Kriegsvater mit der Zornesfalte, findet Klaus, und der jüngere Golo fürchtet des Vaters »Schweigen, Strenge, Nervosität oder Zorn«.

Das seltsame Kriegsbuch, an dem er sich abgearbeitet hat, ist auch für Katia anstrengend. Ihr Mann, der wegen Selbstzweifeln nachts nicht zur Ruhe findet, bringt auch sie regelmäßig um den Schlaf, wenn er sich um halb fünf Uhr morgens in ihr Zimmer flüchtet, damit sie ihn tröste. Ohne die Provokation im Zola-Essay seines Bruders Heinrich, glaubt sie, hätte Thomas die »Betrachtungen« doch niemals geschrieben, und was hat er jetzt davon? Sie neigt zum Widerspruch, und Golo erinnert sich an »reichlich« Streit und hadernde Gespräche zwischen den Eltern in den Kriegsjahren.

Nach außen allerdings steht sie felsenfest zu ihrem Ehemann. Auch ihrer liberalen Mutter Hedwig Pringsheim gegenüber, die die reaktionären Anwandlungen des Schwiegersohns ablehnt und nach ihren Treffen mit Katia oft klagt, wie »gänzlich antidemokratisch« die junge Generation doch sei.

All das kostet Katia Kraft. Als wäre das Leben in dieser Großfamilie nicht anstrengend genug.

In den vergangenen Kriegsjahren ist die so verwöhnte Tochter aus bestem Hause über sich hinausgewachsen. Eine Heldin ist sie geworden, die Familie sieht es mit Staunen. Da war, im Jahre 1915, die große Blinddarm-Epidemie in der Familie Mann. Mit Ausnahme des Vaters traf es alle – und den kleinen Klaus am schlimmsten. Es gab mehrere Operationen, Komplikationen, mit zwei Kanülen und »Not-Darm« lag das Kind in der Klinik, von allen aufgegeben. Außer von seiner Mutter, die in den Augen von Großmutter Pringsheim »Übermenschliches« leistete. Wochenlang verließ Katia das Krankenhaus nicht, bis ihr Sohn gerettet war. Und auch während der Schwangerschaft mit Elisabeth akzeptierte sie keine Gefahr für ihr Fleisch und Blut. Wenige Wochen vor der Geburt im April 1918 stürzte die Hochschwangere die Treppe hinunter. Ein Unfall, der wie durch das Wunder von Katias Willenskraft folgenlos blieb.

Seit dem Krieg erledigt Katia Mann ihre Einkäufe in München mit Fahrrad und Leiterwagen, auch im Winter bei Schnee und Eis. Ihre Aufgabe: Besseres zum Essen aufzutreiben als die Eichhörnchen und Raben, die auf dem Viktualienmarkt zu haben sind. Oft genug gibt es angefaulte Kartoffeln oder »Dotschen«, Steckrüben also, dafür verkauft sie ihren Kindern Dr. Oetkers illusionistischen »Mandelpudding mit Rosinen« als süße Abwechslung. Den Widerstand gegen den Schwarzmarkt hat sie aufgegeben, und wenn der etwas schmierige Kohlenhändler erwartet, dass sie die vier Stockwerke zu seiner Bude hochklettert und sich zu ihm aufs Bett setzt, um gemütlich zu besprechen, wie viel die Manns denn brauchen, Gott, dann macht sie das eben. All dies fällt in ihren Bereich. Ihr Gatte steht den praktischen Dingen des Lebens ohnmächtig gegenüber und weiß nicht mal, wo das Geld liegt, wenn seine Frau außer Haus ist.

Auch hier am Tegernsee hat Frau Thomas Mann nicht ausschließlich Urlaub. Zweimal in der Woche fährt sie mit dem Fahrrad auf Einkaufstour nach Gmund, um dort Gemüse, Brot, Eier zu besorgen. Nicht immer ein Vergnügen: Die primitive Straße zum kleinen Ort am Nordufer des Tegernsees ist ansteigend, nicht asphaltiert und immerhin acht Kilometer lang. Die einfache Fahrt dauert eine knappe Dreiviertelstunde und kann einem länger vorkommen, wenn es, wie öfter in diesem Juli, heftig regnet. Die magere Ausbeute wird gelegentlich von etwas Fleisch angereichert, geschickt von der Schwiegermutter Julia Mann, die im bayerischen Polling lebt und Beziehungen zu Bauern hat.

Auch Kinderfräulein, Köchin und Dienstmädchen müssen schließlich im Urlaub mitverpflegt und vor allem bei Laune gehalten werden. Die Personalprobleme bei Manns sind Legende. In anderen Familien wagen die Dienstmädchen jedenfalls nicht, vor der Herrschaft über den neuen Familienhund zu spotten. Katia, der einstigen »Märchenprinzessin«, fehlt es dem Personal gegenüber an Autorität, womöglich eine Folge zu vieler Scherze im Haus. Thomas will mit derlei Problemen nichts zu tun haben, ärgert sich aber über jede Unruhe. Mal bedauert er seine Frau als »arme kleine K., die ich liebe«, mal wird er »aus Enervation heftig gegen K. wegen ihrer Schwäche gegen die Dienstboten, namentlich das vergnügungssüchtige und diebische ›Fräulein‹, dem sie nicht zu kündigen wagt«.

Das ist ja auch heikel, seit das frühere Mädchen Affa im Hause Mann schon im Jahr 1917 die Revolution vorweggenommen hatte. Freche Bemerkungen und mysteriöser Schwund an Blumenvasen, Rotweinbouteillen und Teelöffeln hatten die Eltern zu einer Inspektion der Affa-Kammer im Keller veranlasst, wo sich ein Warenlager an Diebesgut fand. Freiwillig gab die Affa nichts her, es soll zu Geschrei, sogar zum Gerangel mit dem perplexen Hausherrn gekommen sein, anschließend zu einem Prozess, den Affa gewann: Sie hatte sich als Opfer eines unterdrückerischen Bohème-Haushalts inszeniert und die Macht des Volkes beschworen. Ungeheuerlich, da war man sich einig.

Katia bleibt seither die ungute Mischung aus Abhängigkeit und Misstrauen gegenüber den helfenden

Händen. Aber alles allein stemmen? Unmöglich: »Wir sind halt sehr fein. Es ist nun mal so.«

Arme kleine Katia. Darf sie sich denn auch mal ausruhen? Ja, und zwar jetzt, denn hier in der Sommerfrische feiert sie am 24. Juli ihren 35. Geburtstag. Es ist ihr Ehrentag als Mutter und Ehefrau, und gleichzeitig der inoffizielle Feiertag des Matriarchats im Hause Mann.

Das Wetter zeigt sich heiter, auf dem See blinken Sonnenlichter. In aller Heimlichkeit haben die Geschwister schon seit der Ankunft die gute, fette Milch des Tegernseer Fleckviehs abgerahmt, die ihre Mutter ihnen täglich hinstellt. Den Rahm haben sie im Keller versteckt, um sie zum Geburtstag mit frischer Schlagsahne zu überraschen. Aber jetzt, am Morgen des 24. Juli, treibt eine ertrunkene Maus im Gefäß, und als Geschenk für das Mielein gibt es nun eine lustige neue Anekdote und vielleicht einen Strauß von Blumen, die auf der bunt gesprenkelten Sommerwiese blühen: violetter Salbei, anmutige rosa Malve, gelber Hahnenfuß. Nach Tisch klingelt das Telefon in der Villa Defregger, die Mutter gratuliert aus München.

Am Abend gleitet Katia wieder mit ihrem Mann im Holzboot über den See. Vielleicht sagt er ihr an ihrem Geburtstag, was er immer wieder seinem Tagebuch sagt: dass er sie liebt und ihr »unendlich dankbar«

ist dafür, wie sie alles zusammenhält. Sie lauscht seinen Plänen für die nächsten Seiten von »Herr und Hund« und seinen Sorgen wegen der »Betrachtungen eines Unpolitischen«, die demnächst bei ihrer Veröffentlichung ein sehr, sehr kriegsmüdes Publikum vorfinden werden.

Sie tröstet ihn wegen seiner Zahnschmerzen, die kein bisschen besser geworden sind. Im Gegenteil, nun ist ihm doch tatsächlich der linke Vorderzahn herausgefallen, und er muss zum Arzt.

Sie spricht ihm zu mit ihrer zärtlichen, tiefen Stimme. Das ist ihr Geschenk an das »liebe Rehherz«, das verzagt ist wie selten.

Ganz und gar hat sie ihr Leben auf ihn und die Kinder eingerichtet. Es wird eine Zeit kommen, in der sie sich und ihn fragen wird, ob das eine gute Entscheidung ist für eine gestaltungsfreudige, fantasievolle, kluge Frau. Aber nicht jetzt, nicht an diesem Abend.

Auf der schwarzgrünen Oberfläche des Ringsees malen die Fische konzentrische Kreise. Stille Wasser.

AUGUST

Sommerfrischler und Luftschnapper

Ja, die Sache mit der abtrünnigen Schneidezahnkrone, sie hat sich ausgewachsen zu einer »quälenden Zahn-Misere«. Seinem Freund Ernst Bertram hat Thomas Mann Anfang August aus den bayerischen Ferien brieflich berichtet, dass er deswegen in den letzten Wochen »täglich« in den Hauptort Tegernsee fahren musste, »per Motor- oder Ruderboot«, und zwar »zum Heilkünstler«. So schlimm steht es um den Biss des Schriftstellers.

In seinem Roman »Buddenbrooks« von 1901 hat er dessen Protagonisten, den ehrenwerten Kaufmann Thomas Buddenbrook, nach der Operation eines entzündeten Zahnes zusammenbrechen und sterben lassen. Und so ist es ganz gut, dass dessen Erfinder zu diesem Zeitpunkt nicht ahnt, wie desaströs sich seine eigene Dentalcausa entwickeln wird. In seinem Tagebuch wird er deren Fortgang dokumentieren, und so viel sei verraten: Es bleibt nicht bei dieser einen problematischen Krone, die ihm der Tegernseer Landdoktor einsetzt.

Schon zehn Wochen später, im Oktober, wird der Zahn in München wieder herausfallen. Nächtelang wird der Schmerz Thomas Mann wach halten, mühsam gelindert durch Aspirin. Sein Münchener Zahnarzt Gosch wird feststellen, dass auch der Nachbarzahn angegriffen ist, und auf die Wurzelbehandlung aller beider Schneidezähne dringen, ja, *tous-les-deux*. Eine »endlose und enervierende Sitzung bei Gosch« wird auf die nächste folgen, Arsen wird zum Absterben der Nerven eingesetzt, Wurzeln werden gezogen, Gipsabdrücke gemacht werden bis zur Übelkeit, alles miteinander: »Gelinde Folter, in die Länge gezogen.«

Einen Tag lang wird Thomas Mann eine breite Lücke im Oberkiefer tragen wie ein Achtjähriger, trotzig rauchen und auf sein Provisorium warten. Dieses wird zeigen, dass auch der Eckzahn sich angesteckt hat, nicht als Pfeiler taugt und verloren ist. Die angefertigte Brücke wird drücken wie »neue, schwere Stiefel«, die Folge sind Zahnfleischentzündungen und Wurzelhautreizungen, sodass jeder Leser der Mann'schen Tagebücher, der selbst einmal mit den Zähnen zu tun hatte, Phantomschmerzen entwickelt. Mit zahllosen Arztbesuchen geht es bis ins Jahr 1921 weiter, am Ende sind mehrere Zähne perdu. Thomas Mann und sein Gebiss, keine Liebesgeschichte.

Doch so weit sind wir noch nicht. Noch ist einer der ersten Augusttage 1918, und Herr Mann setzt wieder einmal mit dem Boot von Abwinkl am Westufer über zum Hauptort Tegernsee am Ostufer, hoffnungsvoll, dass der dortige Arzt die Kleinigkeit von einem Schneidezahn in den Griff bekommt. Nach nächtlichem Regen riecht die Luft wie frisch gewaschen. Wattige Wolken segeln über die Berge. Es ist eine kurze Fahrt über das Wasser; an dieser Stelle ist der See nicht einmal zwei Kilometer breit. Zum Greifen nah liegt Schloss Tegernsee.

Trotz der Zahnprobleme ist die Erzählung »Herr und Hund« weit gediehen, mehr als drei von fünf Kapiteln sind fertig. Schon jetzt sind Thomas Mann hinreißend gut beobachtete Tierszenen geglückt. Da ist zum Beispiel die Schilderung der Begegnung zweier einander fremder Hunde im Freien. Sie fasziniert ihn als einen der »spannendsten und fatalsten aller denkbaren Vorgänge«, schon wegen ihrer Peinlichkeit, und das Peinliche als psychologisches Phänomen interessiert den Literaten ja generell. Die gefährliche Verlegenheit, mit der sich zwei Rüden »schrecklich zögernd und schweren Herzens« anpirschen, sie kann jederzeit in aggressive Beißerei ausarten. Man weiß es eben nicht. Das macht die Spannung unerträglich auch für den Herrn, der fürchtet, selbst etwas abzubekommen, und dem Hund an seiner Seite deshalb beklommen zuflüstert: »Geh weg!«

Heiter könnten die Tiere aneinander vorbeitraben, eigentlich. Stattdessen lauern sie auf dem Boden liegend in »Wegelagererpose«, dann wird drohend der nächste Baum markiert, weiter aufeinander zugeschlichen, wie durch ein dämonisches Geheimnis miteinander verbunden. Unausweichlich müssen sie aneinander vorbei, so nah, dass sie Flanke an Flanke stehen, einander beschnüffeln und entscheiden können, ob das Knurren in Keilerei endet. Oder, ob »der Bann gebrochen ist, das Band zerreißt und Bauschan dahinspringt, erlöst, erleichterten Herzens, als sei ihm das Leben wiedergeschenkt«.

Sonderbar, das Ganze. Wildfremd erscheint der Hund seinem Herrn in solchen Situationen. In der Erzählung heißt es dazu: »Wunderliche Seele! So nah befreundet und doch so fremd«.

Es ist erstaunlich, wie gut Thomas Mann am See arbeiten kann und wie viel er schafft. Es ist ja nicht nur der Zahn, sondern auch der militärische »Lauf der Dinge im Westen«, der ihn »stundenweise tief deprimiert«, wie er an den Vertrauten Bertram schreibt: »Ich höre aus Berlin, daß bereits elf hunderttausend Amerikaner in Frankreich sein sollen. Was soll das werden.« Nun: die Vorbereitung der berühmten Schlacht bei Amiens vom 8. August 1918 natürlich, bei der die Alliierten durch die Unterstützung der Amerikaner den Deutschen jetzt massiv überlegen sind und mit mehr als 500 Panzern durch deren Linien brechen. Diesen Augusttag wird der deutsche General Erich Ludendorff den »schwarzen Tag des deutschen Heeres in der Geschichte dieses Krieges« nennen. Er ist der Anfang vom Ende.

In fragilen Zeiten helfen bewährte Arbeitsrituale, um das tägliche Pensum zu bewältigen, und kein Autor setzt so diszipliniert auf Routine wie Thomas Mann. Von seiner Arbeitsweise ist in Essays und Tagebucheinträgen zu erfahren. Sie bieten inspirierende Autoren-Kniffe, allerdings keine Garantie, dadurch ebenfalls Weltliteratur zustande zu bringen.

So schreibt Mann auch in der Villa Defregger ausschließlich am Morgen und am Vormittag, niemals am Abend oder gar nachts. Er raucht beim Schreiben, Zigaretten oder Zigarren. Rauchen beflügelt seine Lust am Formulieren: Es inspiriert, trübt aber nicht die Selbstkritik wie Alkohol, den Mann während der Arbeit strikt ablehnt. Sein tägliches Glas helles Bier zum Abendbrot, sagt er, versetze ihn zwar in eine angenehme »Oh, wie wohl ist mir am Abend!«-Stimmung, damit aber in einen Zustand, der dem des »Kampfes, des Bezwingens genau entgegengesetzt ist«.

Denn Schreiben, das ist Kampf. Zu angenehm darf man es dabei nicht haben. Deshalb bringt Mann seine Einfälle ausschließlich im Zimmer zu Papier und nie im Garten oder auf der lauschigen Terrasse, ohne Dach über dem Kopf: »Offener Himmel, meine ich, zerstreut die Gedanken.«

Ablenkungen müssen sowieso vermieden werden. Seine Kunst bedarf der schöpferischen Stille, und zu viele öffentliche und private Anforderungen und Einladungen bringen während des Schaffensprozesses nur vom Kurs ab: »Geht man ein paar Abende hinter einander aus und kommt spät zu Bett, so fällt man in Verzweiflung.«

Auf den vielbeschworenen Musenkuss zu warten – sinnlos. Auf so etwas wie spontane Eingebung oder die richtige Stimmung mögen Hobbyautoren hoffen, wer es aber ernst meint mit dem Schreiben wie Thomas Mann, weiß: »Stimmung ist Ausgeschlafenheit, Frische, tägliche Arbeit, Spazierengehen, reine Luft, wenig Menschen, gute Bücher, Friede, Friede ...« Was man seiner Ansicht nach versuchen kann: Vor dem Einschlafen thematisch und stilistisch verwandte Lektüre zu wählen, die während der Nachtruhe quasi nachwirkt und das eigene Werk am nächsten Morgen inspiriert.

Und was tun bei großer Unlust? Fake it till you make it. »Merkwürdige Heuchelei des Schreibens ohne Lust«, nennt der Künstler diesen Trick, »im Effekt darf kein Unterschied sein, und so macht man es so, wie man es machen würde, wenn man Lust hätte; d. h. man stellt sich lustig, unter großer Plage.«

Womöglich fällt Bauschans Herrn die Arbeit am neuen Manuskript in diesem Sommer aber auch deswegen so leicht: weil seine literarische Liebeserklärung an einen Hund gerade die einzig vernünftige Antwort auf den politischen Weltwahnsinn scheint. Weil er seinen vierbeinigen Helden wirklich sehr gernhat.

Und auch, weil die Schönheit dieser Sommerfrische hier schon lange dafür bekannt ist, Maler und Schriftsteller zu beflügeln.

Der Tegernsee, er ist ein kreativer Kraftort. Die herausfordernden Berge, die den ganzen See umrahmen, sein in kapriziösen Nuancen von Türkis über Topas zu Tannengrün changierendes Wasser, die mineralische Luft, die Wildnis der Wälder und malerische Dörfer – diese Landschaft ermöglicht die Gleichzeitigkeit der Gefühle von Erdung und Losgelöstheit. Für Künstler ist dieser Bergsee mit seinen Panoramen und seiner Einladung zur Innenschau ein Dorado der Schaffenslust und deshalb begehrtes Ziel.

Angefangen hat alles mit dem Kloster Tegernsee, dessen zwei Türme Thomas Mann während seiner Bootsfahrt über das Wasser so gut im Blick hat. Vor gut hundert Jahren, im Jahre 1817, hatte der bayerische König Max I. Joseph die ehemalige Benediktinerabtei erworben und zum Sommersitz umgebaut, seiner Frau Karoline zuliebe, die sich in die Gegend verliebt hatte. Auch das südlich gelegene Wildbad Kreuth mit seiner Heilquelle erstand der König und baute eine Kuranstalt aus, in der Ziegenmolke, Kräutersäfte und Hoffnung auf Stärkung ausgegeben wurden. Im Gefolge der Wittelsbacher kamen ab jetzt nicht nur Adlige wie das russische Zarenpaar oder Kaiserin Sissi von Österreich an den Tegernsee, sondern auch Maler wie Wilhelm von Kobell und Joseph Stieler, die die Landschaft als Bilderbuchpracht inszenierten.

Das Idyll zog weitere Künstler an, außerdem wohlhabende Bürger, die sich sommerliche Luftkuren leisten konnten. Schon Mitte des 19. Jahrhunderts gab es im Tegernseer Tal eine touristische Infrastruktur mit Wanderpfaden und Gasthäusern: das perfekte Ziel für Stadtmüde voller Sehnsucht nach Ferien vom Ich. Die bayerische »Sommerfrische« war geboren.

Eine Entwicklung, die bis zur Jahrhundertwende das gesamte Alpenvorland erfasst. Bis nach Amerika spricht sich dessen Zauber herum. Selbst Mark Twain, durch seinen »Tom Sawyer« berühmt gewordener Bestsellerautor, schaut vorbei und lässt sich nicht nur vom »blendenden« Aussehen der Bajuwaren beeindrucken, sondern auch von ihrem lustvollen Fluchen. Der Lyriker Rainer Maria Rilke weilt in Wolfratshausen, der Stadt an der Loisach, die Malerin und Schriftstellerin Franziska zu Reventlow, Stern der Schwabinger Bohème, verbringt ihre Sommer am Staffelsee und im Isartal. Ihr Lebensmotto »Alles möchte ich immer« ist bei dauernder Geldknappheit zwar hart erkämpft, aber wenn sie mal wieder zwei Mark in einem vergessenen Portemonnaie findet, sind die 80 Pfennige für ein Zimmer im Kloster Schäftlarn schon bezahlt. Amouröse Abenteuer sind bei diesen Sommerfrische-Preisen oft inklusive und dienen der emanzipierten Gräfin als Stoff für ihre Erzählung »Von Paul zu Pedro«. Freie Liebe ist für sie nicht nur Männersache.

Seine Isartal-Erinnerungen hat auch der Schriftsteller D. H. Lawrence festgehalten, in seinem Roman »Mr. Noon«. Im Jahr 1912 verbringen er und seine Geliebte Frieda von Richthofen viele Wochen im Voralpenland, erleben Gebirgstouren, erotische Nächte im Heu und Wirtshausabende, »wo Zithern näselten und Männer in ihren schweren Bergschuhen den *Schuhplattler* tanzten. Es herrschte ungestümes Durcheinander, ungestümer Lärm und ein Gefühl ungestümer Vitalität.« Der fast mittelalterliche Katholizismus der Gegend beeindruckt Lawrence zutiefst. Wenn Bauern den Hut abnehmen, sobald sie

Kapellen oder Kruzifixe am Feldrand passieren, ist dies für ihn keine leere Geste, sondern »ein fast russischer, dunkler Mystizismus, eine Verehrung von Grausamkeit und Schmerz und Qual und Tod: eine dunkle Todesverehrung«.

Dass sich eine Art russischer Künstlerkolonie am Staffelsee bildet, ist also nicht überraschend. Dort, in Murnau, kaufen sich die Malerin Gabriele Münter und ihr Lebensgefährte Wassily Kandinsky 1909 ein Haus inmitten eines Blumengartens. Mit ihren russischen Freunden Marianne von Werefkin und Alexej Jawlensky und mit Franz Marc revolutionieren sie von hier aus die Kunst des 20. Jahrhunderts.

Da sie ihr Atelier und ihren Alltag zeitweise ganz aufs bayerische Land verlegen, halten sich Künstler für die wahren »Sommerfrischler«. Von banalen Urlaubern, die nur zum Aussichtgucken und Kuchenessen auftauchen, grenzen sie sich ab, indem sie diese »Luftschnapper« nennen. Die Einheimischen geben auf solche Unterscheidungen: gar nichts. Für sie sind die einen wie die anderen ganz einfach »die Fremden«.

Vom Fremdenverkehr leben, das tun inzwischen viele Landbewohner. Sie dulden die Adligen, Bürgerlichen, die berühmten wie brotlosen Künstler, die verheirateten Paare wie die skandalumwitterten »g'schlamperten Verhältnisse« auch in ihren Traditionswirtschaften, etwa dem Tegernseer »Bräustüberl«, und praktizieren bei Bier und Entenbraten die »Liberalitas Bavariae«, eine im Süden perfektionierte Lebensart von freundlicher Toleranz. Einen feinen Humor haben sie, der Altbayer und die Altbayerin, gastfreundlich und großzügig sind sie dazu, aber nur, solange klar ist, wessen Toleranz man nicht überstrapazieren darf: die derer, die hier »dahoam« sind. Wer dies nicht begreift, der lernt sie von ihrer aufbrausenden Seite kennen, »host mi?!«. Auch ein »Habe die Ehre ...« können sie so zerdehnen, dass nur Begriffsstutzige die Herablassung nicht heraushören. Und ob der Sammelbegriff »die Vergeistigten« für das Künstlervölkchen ein Kompliment bedeutet, ist keinesfalls ausgemacht.

Als besonders stolz gelten die traditionsbewussten Tegernseer. Zum einen sind sie die ganzen illustren Besucher gewohnt, zum anderen wissen sie, dass ihre Heimat die spektakulärste ist. Denn so schön der weite Starnberger See, der Ammersee oder der lauschige Staffelsee auch sein mögen: Keiner von ihnen ist von so veritablen Gipfeln umgeben wie dieser Bergsee.

Seit 1883 erreicht man ihn von München aus mit der Eisenbahn, seit 1902 führt die ausgebaute Strecke dann sogar direkt zum Hauptort Tegernsee. Mitten »in ein Märchen hinein«, mit Sonnenuntergängen und Bauernhäusern, »wie sie wohl nirgends wieder auf der Welt so schön sind«, lockt der Schriftsteller Wilhelm Schmidtbonn seinen Freund, den blutjungen expressionistischen Maler August Macke, und dessen Frau Elisabeth im Jahr 1909. Ein Jahr lang lebt das Paar im bäuerlichen Staudacher-Haus in Tegernsee, ihr erstes Kind wird hier geboren, und Macke gerät in einen kreativen Rausch. Er malt Elisabeth beim Lesen in der Stube und beim Sticken auf blumenbestandenem Balkon, Bauernjungen und Sennerinnen, das große Blau der von Weiden gesäumten Buchten, Boote mit geblähten Segeln und sogar den Wind, gegen den sie sich stemmen.

Es sind Bilder des Lichts und Teil eines Werks, das durch den Ersten Weltkrieg ein abruptes Ende findet. Macke wird im August 1914 eingezogen, nach einer Woche steht er an der Westfront, und im September 1914 fällt er in der Champagne, nur 27 Jahre alt.

Die Tegernseer Landschaft ist auch das Tal der Poeten. Im August 1917 trifft hier ein 19-jähriger Augsburger ein, um für ein paar Wochen als Nachhilfelehrer für Latein zu arbeiten. Sein Name: Brecht, Bertolt Brecht. »3 Stunden am Tag muss ich eintrichtern, dann bin ich der Herr Baron«, berichtet er einem Freund spöttisch davon, als Hauslehrer den Sohn eines reichen Kommerzienrats zu unterrichten. In der freien Zeit geht er in Knickerbockerhosen mit Sportmütze und Brille spazieren. Danach schreibt Brecht lustige Briefe an die Freundin Paula Banholzer, »Sphinx meines Mondscheinnachtkahnfahrtentraumwahnsinns«, und sammelt Eindrücke vom Wasser und Sich-treiben-Lassen, die er später literarisch verwerten könnte. Zum Beispiel in der Hochsommer-Ode »Vom Schwimmen in Seen und Flüssen«, einem Gedicht, das Brecht wenig später verfasst. Es beschreibt den *»bleichen Sommer, wenn die Winde oben / Nur in dem Laub der großen Bäume sausen«* und der Mensch in einem Gewässer treibt, ganz leicht und unbeschwert, den Blick nach oben in den Augusthimmel gerichtet: *»Wenn kühle Blasen quellen / Weiß man: Ein Fisch ist jetzt durch uns geschwommen. / Mein Leib, die Schenkel und der stille Arm / Wir liegen still im Wasser, ganz geeint.«*

Zu den Künstlern, die sich im Tal gleich eine zweite Heimat schaffen, gehört Ludwig Thoma, Autor des Satiremagazins »Simplicissimus« und der Familie Mann bestens bekannt, denn Thomas Mann hat früher in der Redaktion des Blatts mitgearbeitet. Der Bayer Thoma, Verfasser des »Münchners im Himmel« und des Stadtlebens überdrüssig, mietet sich bei einem Bauern in Finsterwald bei Gmund ein und verlegt die Redaktionssitzungen des »Simplicissimus« kurzerhand aufs Land, wo er sich »sauwohl« fühlt. So nett ist es da draußen, dass etliche »Simpl«-

Kollegen nun ebenfalls ein »Austragshäusl« suchen – damals ein machbares und bezahlbares Unterfangen. Für seinen Sommerfrische-Tipp sind ihm alle dankbar, unumstritten ist der krachlederne Thoma trotzdem nicht. Er gilt zwar noch nicht als Antisemit, wandelt sich aber in den Kriegsjahren vom Liberalen zum Reaktionären, misogyn ist er sowieso. Was ein »Frauenzimmer« geschrieben hat, erklärt er kurzerhand »für Dreck«.

Thoma baut sich schließlich sein eigenes Haus in Rottach »auf der Tuften«. Hier gehen der Heimatschriftsteller Ludwig Ganghofer, der Illustrator Olaf Gulbransson, der Komponist Richard Strauss und andere Künstler ein und aus, manche werden Freunde fürs Leben. Man geht gemeinsam auf die Jagd, feiert Waldfeste und veranstaltet Heuwagenfahrten, alles in Tracht, versteht sich, und Thoma immer mit Pfeife im Gesicht. Im dörflichen Rottach ist seine Frau, eine in Manila geborene exotische Schönheit, Stoff für Dauertratsch. Als Maria de la Trinidad de la Rosa geboren, tauft Thoma sie auf »Marion« um. Es nützt ihm nichts. Sie bleibt eine freigeistige Kosmopolitin mit Sehnsucht nach der weiten Welt und verlässt Thoma, den jetzt etwas Verbittertes umweht. 1917 ist er der erzkonservativen neuen »Deutschen Vaterlandspartei« beigetreten, die verbissen eine Fortsetzung des Krieges bis zum »Siegfrieden« fordert.

Auch seinen Freund Olaf Gulbransson hat Thoma an den Tegernsee geholt. Der norwegische Illustrator, muskelbepackt, glatzköpfig und quadratschädelig, ein Trumm von einem Mann, wird in der bayerischen Landschaft, deren Wasser und Berge ihn an die Fjorde seiner Heimat erinnern, »wie ein Gorilla seelig«. Mit spitzer Feder zeichnet er für den »Simplicissimus«, mit zarter Hand für sich den Hirschberg, der sich hinter dem Ringsee erhebt. Am glücklichsten wirkt er, wenn er nackt, nur in luftiger Schürze, oben am Berg Skizzen macht oder die Sense schwingt. Den Tegernseern soll er in einem schneereichen Winter aus Gaudi die erste Skisprungschanze gebaut haben.

Sympathisch. Und doch zeigt der Blick in die Zukunft: Als 1933 der »Protest der Richard-Wagner-Stadt München« gegen Thomas Mann erhoben wird, der letztlich zur Emigration der Manns aus dem nationalsozialistischen Deutschland führt, zählt Olaf Gulbransson zu den Unterzeichnern. Später wird er etwas von Gruppenzwang erzählen und dass er den Wortlaut der Erklärung nicht gelesen habe. Katia Mann wird das noch als Greisin mit tiefer Enttäuschung in ihren Memoiren erwähnen. Man kannte sich gut, über Ludwig Thoma und den »Simplicissimus«, und man mochte sich.

Zur Thoma-Clique gehört auch Ludwig Ganghofers Bruder Emil, Fotograf, der auf der Bühne im

Gasthaus »Überfahrt« 1905 erstmals einen Kinofilm im Tal präsentiert. Die »Überfahrt« in Rottach-Egern bietet den größten Theatersaal im Oberland, zahlreiche Stücke von Ludwig Thoma werden hier aufgeführt, und mit ihren Konzerten und Festlichkeiten ist sie das Zentrum des gesellschaftlichen Lebens in der Region und ein Grund, warum auch Theaterleute zuhauf hierherkommen.

Wer fehlt in der Künstlerliste? Zum Beispiel Max Mohr, jüdischer Schriftsteller, Arzt und früher Aussteiger, der sich mit seiner Frau Käthe in einem Bauernhaus in der Wolfsgrub niederlässt, einem Weiler am Fuße des Wallbergs. Hier schreibt er, bewirtschaftet seinen kleinen Hof und sitzt mit Besuchern, auch mit seinem Kollegen Thomas Mann, auf der Holzbank am geduckten Haus, in dessen Garten ein Lindenbaum steht. Düstere Zeiten wird dieser überstehen, auch die Infektion des Tegernseer Tals durch das Virus des Nationalsozialismus und die spätere Emigration des Juden Max Mohr.

Der schwer kranke Schriftsteller D. H. Lawrence, von dem man weiß, wie glücklich er als junger Mann in Bayern war, besucht die Wolfsgrub bei Rottach-Egern übrigens noch kurz vor seinem Tod. Als Arzt kann Mohr nicht mehr viel tun. Als Freund bietet er Gastfreundschaft in einer tröstlichen Landschaft, die Lawrence zu einem seiner letzten Gedichte inspiriert.

»Blaue Enziane« heißt es, und er schreibt es mit Blick auf einen Krug mit diesen dunklen Gebirgsblüten in seinem Krankenzimmer.

Jeder Künstler findet am Tegernsee die Eindrücke, die seine eigenen inneren Bilder in Bewegung versetzen. Lawrence erkennt in den Blüten des Enzians blauviolette Fackeln auf dem Weg ins Schattenreich. Gulbransson sieht überall Fjorde. Und Thomas Mann, vom Wasser fasziniert, folgt auf seinen Wegen im Bergwald jedem Bach, den er plätschern hört, und lässt sich vom Wogen des Sees wie von den Wellen seines so geliebten Meeres davontragen und beruhigen.

Und dann gibt es einen, der zum Abspecken herkommt, man nennt ihn deshalb den »Hungerhofbauer«. Es ist der mährische Opernsänger Leo Slezak, ein Weltstar, der mit Gustav Mahler und Caruso gearbeitet hat. Seit 1910 besitzt er das »Blumenhäusl« im berühmten Egerner »Malerwinkel«, direkt am Wasser und mit Blick auf die Egerner Kirche. Aufwendig hat er das urige Anwesen ausgebaut und sich deswegen den Spott seines Spezis Ludwig Thoma zugezogen: »Wenn oana vui Geld hat und is recht saudumm, dann kauft er a alts Haus und bauts nachat um.«

Jede Sommerferien verbringt Slezak mit seiner Frau Elsa auf diesem Fleckchen Erde, »das ich so grenzenlos liebe«. Er angelt, spielt Skat mit Thoma und Ganghofer, hätschelt seine Menagerie aus mehreren Hunden, Angorakatze und Kanarienvogel und lauscht dem Amateurjodeln der Sonntagsruderer. Und er gärtnert. Jeden Baum, jeden Strauch im Garten hat er selbst angelegt, und wenn er nach langen Welttourneen wieder hier sein darf, zieht er sofort seine Lederhose an, um die Obstbäume mit Kuhmist zu düngen, und ist restlos glücklich.

Beinahe restlos. Da der Zwei-Meter-Mann von 145 Kilogramm seine Gastspiele nur mit massenhaft Stress-Essen bewältigt hat und zur Winterspielzeit in die Kostüme passen muss, setzt ihn seine Frau Elsa in den Ferien auf Diät. Eine Tortur, wie Slezak in seinem amüsanten Erinnerungsbuch »Meine sämtlichen Werke« erzählt. Am ersten Ferientag muss er auf die Waage, bei Tisch wird jeder Bissen beobachtet, seine heimlichen Fluchten in die Wirtschaft zu zwei Dutzend Weißwürsten werden von den eigenen Kindern verraten, und schließlich zwingt ihn Elsa (»mein strenges Gemahl«) zum Schwur. Der Welt gelte er als Heldentenor, wehklagt Slezak selbstironisch, am Tegernsee sei er eine Witzfigur, »der Hungerhofbauer« eben, mit mäßigem Diäterfolg. Wenn er morgens um fünf Uhr in den See hüpfe, trete am gegenüberliegenden Ufer das Wasser über, und die Leute sagten: Aha, der Herr Kammersänger badet.

Barocke Lebenslust, Menschenfreundlichkeit und Humor: Kein Wunder, dass Leo Slezak am Tegernsee zu den beliebtesten Zuzüglern zählt und schon fast kein »Fremder« mehr ist.

Der süddeutsche Kommunikationsstil, sein frotzeliger Ton und musikalischer Rhythmus, er ist den Manns vertraut und lieb. Schon die zweijährige Elisabeth wird die forsche Bayernmelodie beherrschen und ungnädig granteln, als ihr Mielein sie hochheben möchte: »Na, lang mich halt an, von mir aus!« Da fehlt nur das gepfefferte »Kruzitürken!«, das wiederum zu Erikas Kompetenzen gehört. Großmutter Pringsheim fügt in ihre Korrespondenz mal ein launiges »überhaupts« ein, und ihr Schwiegersohn wird als alter Herr im fernen Jahr 1950 in einem Züricher Hotel den unverkennbar bayerischen Klang einer Stimme vernehmen, die ihn weit in seine Erinnerungen zurückträgt. Sie gehört dem jungen Kellner Franz Westermeier, gebürtiger Tegernseer, der stolz darauf ist, die Herren Slezak, Ganghofer und Thoma noch erlebt zu haben, und allein Franzls »vom Münchener Dialekt gefärbte«, »charmierende«, diese »sehr liebe Stimme«, so durch und durch »angenehm«, wird den Schriftsteller verzücken: Sie ist »etwas fürs Herz«.

Genau wie das Tegernseer Tal, die Heimat des braven Franz, der so gar nicht ahnt, welches Entzücken sein bayerischer Zungenschlag hervorruft. Wer sich in diese Gegend verliebt, wird Stammgast. So ist es auch Thomas Manns Eltern Thomas Johann Heinrich und Julia Mann, geborene da Silva-Bruhns, ergangen, die bereits seit 1884 von Norddeutschland an den Tegernsee und weiter nach Wildbad Kreuth reisten, zu »Molke, Kräutersaft, Spaziergang«, dem üblichen Programm eben. Kreuth war »Lieblingsaufenthalt« seiner Eltern, und auch der junge, noch unverheiratete Thomas hat sich dort schon aufgehalten, zum Spazierengehen und Grübeln. Wenn er dann neben seinem Freund Kurt Martens, den er in Kreuth besuchte, herlief und die Kurkapelle schief dudelte, fand er versöhnlich: »Ja, so ein bisschen Musik, selbst wenn sie manchmal daneben klingt, hebt doch sofort die Stimmung und verklärt die Stunde.«

Die Tegernseer Aufenthalte haben Tradition für die Manns. Und auch für die Pringsheims, die als Münchener Familie mindestens seit 1886 anreisen, in den Gästelisten verzeichnet als »Dr. Pringsheim Alfred mit Familie und Dienerschaft, München, mit 11 Personen«.

Und jetzt haben sich Alfred und Hedwig Pringsheim wieder angesagt, für Mitte August 1918.

Thomas Mann verzieht das Gesicht und befühlt mit der Zunge seinen wehen Zahn.

Die Schwiegereltern, in Gottes Namen

Bleicher Himmel, weiße Sonne. Die Milchigkeit des Lichts. Unter dem Steg gluckert der See, Libellen schweben über funkelndem Blau. Die schläfrige August-Trance, nach dem Baden auf Holzplanken zu liegen, mit geschlossenen Augen, auf deren Lidern Wassertropfen verdunsten. Der Hochsommer hält die Zeit an.

Die Kinder sind endlich wieder draußen und unten am »Lido«. Die ersten Tage des Augusts 1918 waren in Bayern wieder ziemlich »kül u. regnerisch«, wie Hedwig Pringsheims Tagebuch aus München nachweist, einfach »trostlos«. Bisweilen klarte es trügerisch auf. Dann blieb es wie gehabt: »Es regnet all wieder!«

Aber jetzt meldet sich die Hitze zurück, die Sonne zeigt sich, und Thomas Mann hat sich im Gras vor der Villa Defregger niedergelassen, den Rücken gegen einen Baum gelehnt. In der Hand hält er ein Buch, Bauschan liegt neben ihm. Im Garten lesen, das genießt der Schriftsteller. Es bedeutet Ruhe, die zu unterbrechen er nur sich selbst gestattet. Manchmal, erzählt er in »Herr und Hund«, hält er kurz inne »in meiner geistigen Beschäftigung, um etwas mit Bauschan zu sprechen und zu spielen«. Eines der Spiele sieht vor, mit der Hand leicht auf die Nase des Hundes zu klopfen, der dann danach schnappen darf wie nach einer Fliege.

Mal sehen: Was liest Thomas Mann denn gerade?

Es ist Adalbert Stifter, wie während all der letzten Regentage. Ins Werk dieses Biedermeier-Schriftstellers hat er sich in den Ferien ausgiebig vertieft: »Bis auf einen kleinen Roman von Andrejew ›Das Joch des Krieges‹ und etwas W(est)-Ö(stlichen) Diwan habe ich in diesen Wochen nichts anderes gelesen.« Im Moment ist es Stifters letzte, autobiografische Erzählung »Aus dem bayerischen Walde«: ein Bericht über eine nicht enden wollende Schneefallkatastrophe, die eine vertraute Welt in furchtbarem Weiß verschwinden lässt.

Eine seltsame Lektüre für den Hochsommer. Aber es ist ja so: Der Erzähler wie seine Leserinnen und Leser erleben zunächst sommerliche Szenen mit hellen Wiesen und Waldblumen, dem Geplätscher kleiner Bäche und der »glühenden Linie«, die ein Sonnenstrahl im Dunkel des Waldes zieht wie mit dem Lineal. Der Schneefall, der dann im Herbst urplötzlich einsetzt, kommt überraschend wie ein Überfall.

Dies ist kein romantisches Schneien, »sondern wie wenn Mehl von dem Himmel geleert würde, strömte ein weißer Fall nieder, er strömte aber auch wieder gerade empor, er strömte von links gegen rechts, von rechts gegen links, von allen Seiten gegen alle Seiten, und dieses Flimmern und Flirren und Wirbeln dauerte fort und fort und fort wie Stunde an Stunde verrann. Und wenn man von dem Fenster weg ging, sah man es im Geiste …« Diese weiße Hölle verschlingt alles, worin der Mensch sich zurechtzufinden glaubt. Sie ist Sinnbild dessen, was ihm die Orientierung raubt in einer feindlichen Welt, und für alles, worin er sich selbst verloren geht. Die Erzählung »Aus dem bayerischen Walde« ist erst in Druck gegangen, nachdem ihr Verfasser im Jahr 1868 gestorben ist – zwei Tage nach einem Suizidversuch.

»Unvergesslich« und »geradezu phänomenal« findet Mann das Werk von Adalbert Stifter, »namentlich die Schilderungen besonderer und extremer Naturereignisse, wie Schnee- und Eiskatastrophen, Gewitter etc.«. Wie hypnotisch der Kollege den lähmenden Zauber hier beschreibt! Dem Leser würde »himmelangst davor werden wie vor den Schrecken der wirklichen Natur, wenn nicht die humanen Tröstungen seines guten, zärtlichen, goethischen Wortes wären«.

Es hat natürlich einen Grund, dass Mann von diesen Szenen so fasziniert ist. Zwar arbeitet er gerade an seiner Hundegeschichte, aber in Gedanken ist er schon weiter, beim nächsten Werk, das der Erste Weltkrieg unterbrochen hat: dem Roman »Der Zauberberg«. Einen sympathischen, unbedarften Jüngling namens Hans Castorp will Thomas Mann da auf Besuch in ein Sanatorium im Schweizer Hochgebirge schicken, wo er sieben Jahre festgehalten und dem wirklichen Leben entfremdet wird, verlockt vom morbiden Reiz der Krankheit und der Möglichkeit von Weltflucht. In diese moralische Verkommenheit, die sich dann zuspitzt in Ungeduld, giftigem Wortwechsel, Zanksucht, in eine alles erfassende »große Gereiztheit«, könnte doch dann ein großer Krieg hereinbrechen wie ein ersehnter Donnerschlag. »Als Lösung«, sozusagen. So hat er sich das mal gedacht.

Auch er habe vor, »im Zauberberg einen unmäßigen Schneefall zu beschreiben«, bekennt Mann seinem Freund Ernst Bertram Anfang August 1918 in einem Brief, einen Schneefall, in dem die weiße Finsternis die Arme ausbreitet, um den Menschen in ihrer Umarmung verschwinden zu lassen. Und nun sieht er, dass Stifter das »nicht nur unübertrefflich – sondern unerreichbar gut gemacht hat«. Aber sich etwa entmutigen lassen? Nein, kommt nicht infrage. An Bertram schreibt er, »man darf sich wohl nicht abhalten lassen«.

An den Vertrauten ergeht in diesem Sommer überhaupt Brief um Brief. Der junge, ledige Privatdozent für Germanistik ist seit den Kriegsjahren Thomas Manns engster Freund. Etliche andere sind ihm, wie sein Bruder Heinrich Mann, abhandengekommen: Ihnen gefiel der waffenklirrende Ton seiner Kriegsessays nicht. Bertram aber bleibt treu an seiner Seite. Er ist regelmäßiger Hausgast, die beiden musizieren gemeinsam (Bertram am Flügel, Mann an der Geige), und mit den Kindern ist der Gelehrte so nett, dass seine Rolle als Elisabeths Patenonkel feststeht. Für Mann ist der »anhängliche Freund«, der so »bürgerlich vornehm, ein wenig altfränkisch« wirkt, intellektuell ebenbürtiger Gesprächspartner und der Einzige, der sich stundenlang Manns schwankende Einschätzungen bezüglich der »Betrachtungen eines Unpolitischen« anhört.

Jetzt versucht er, den »lieben Herrn Doktor« nach Abwinkl an den Tegernsee zu locken. »Kommen Sie doch und wohnen Sie in der Nähe!«, heißt es gleich in einem Brief vom 17. Juli, dann am 23. Juli: »Im August müssen Sie einmal kommen; jetzt ist nirgends Unterkunft«, wenige Tage später: »Sobald wir Quartier und Tisch für Sie finden, geben wir Nachricht.«

Weshalb Thomas Mann so auf Bertrams Kommen drängt, liegt auf der Hand: Erstens braucht er den Zuspruch des Mannes, dem er schon das ganze Manuskript der »Betrachtungen eines Unpolitischen« als Erstleser zugesandt hat, dessen philologischem »Späherblick« vertrauend. Nur diesen diskreten Freund kann er auch leicht verzagt fragen: »Was habe ich da eigentlich angestellt?«

Zweitens braucht er Verstärkung. Die Schwiegereltern Pringsheim werden im August an den Tegernsee reisen, um ihre Tochter Katia und die geliebten Enkel zu besuchen. Ihren »Schwieger-Tommy« (Hedwig Pringsheim) nehmen sie dabei in Kauf, und auch der kann Wiedersehensfreude nur heucheln. Das Verhältnis ist, was soll man darum herumreden, nicht unbedingt entspannt.

Alfred Pringsheim war schon wenig begeistert, als sein Schwiegersohn die Familie 1905, kurz nach seiner Hochzeit, zum Zentrum eines literarischen Skandals gemacht hat. Mann hatte sich erkühnt, in der Erzählung »Wälsungenblut« eine reiche, kultivierte jüdische Familie zu zeichnen, deren Ambiente verdächtig an das des Palais Pringsheim erinnerte. Die Beziehung der Zwillinge Siegmund und Sieglinde ließ er außerdem als Geschwisterinzest auf dem Eisbärenfell eskalieren. Wo doch tout munich wusste, dass Katia und ihr Bruder Klaus ebenfalls Zwillinge sind! Gerüchte über eine antisemitische Novelle machten die Runde, Thomas Mann musste den Druck stoppen.

Seither nennt Alfred Pringsheim seinen Schwiegersohn nur den »Dichterfürsten«, und dieser revanchiert sich, indem er den Schwiegervater gelegentlich mit Widerspruch zu dem Thema provoziert, bei dem Herr Pringsheim hochgeht wie eine Rakete: Richard Wagner. Dabei ist es der Schwiegervater, dem Thomas und Katia einen Lebensstil mit Villa, Personal und Komfort verdanken, wie sie ihn sich selbst nicht leisten könnten. Für jede einzelne Enkelin und jeden Enkel gibt es eine Kinderzulage. Diesbezüglich wähnt sich Alfred Pringsheim allerdings, nachdem seine Tochter schon fünf Sprösslinge geboren hat, in finanzieller Sicherheit.

Die scharfzüngige und meinungsstarke Hedwig Pringsheim ist immerhin zufrieden, dass ihre Tochter so glücklich in ihrer Ehe wirkt. Trotzdem lässt Frau Pringsheim wenig Gelegenheiten aus, den Schwiegersohn zu bespötteln. Ihrem Freund, dem Publizisten Maximilian Harden, erzählt sie gern vom schwierigen »Tommy-Männchen«, ach so empfindlich und schnell beleidigt. Mit ihm hin und wieder freundlich zu verkehren, das würde ihr »ganz wol zusagen«, wie sie meint. »Aber als Ehemann---! nun, er ist ja gottlob nicht meiner.« Dass der Schriftsteller sich zum

Kriegsbejubler entwickelt hat, missfällt der Schwiegermutter. Das markige Auftreten nimmt sie ihm keineswegs ab. Bevor er endgültig vom Militär ausgemustert wurde, hat sie das längst getan: »Im übrigen hält er die Ausbildung keine 8 Tage aus; denn er ist ein – Intellektueller.«

In Thomas Manns Tagebuch finden sich Hinweise darauf, dass die Skepsis wechselseitig ist. Dass Hedwig Pringsheim ihre politischen Ansichten auch im Hause Mann vorträgt, findet er »recht schamlos«, sie selbst »unangenehm«, einmal sogar »entsetzlich öde, verbraucht und böse«. Ihr Exemplar von »Betrachtungen eines Unpolitischen«, über dessen Thesen es so heftige Diskrepanzen gibt, wird er ihr irgendwann trotzdem überreichen, signiert, »in Gottes Namen«. Insgeheim legt er größten Wert auf ihr Urteil.

Und nun kommen die Pringsheims eben an den Tegernsee, in Gottes Namen. Für eine Dauer von zehn langen Tagen, an denen man sich wohl täglich sehen wird. Also alles wie daheim in München, wo Katia und ihre Mutter ebenfalls in engstem Kontakt stehen: Man besucht sich, macht Besorgungen zusammen oder trinkt gemeinsam Tee. Wohnen werden die Schwiegereltern allerdings drüben im Ort Tegernsee, in zwei Zimmern im Hotel Steinmetz in der Rosenstraße.

Ein Glücksfall, denn wie man von Thomas Manns Bemühungen um ein Bett für Ernst Bertram weiß: Unterkünfte sind gar nicht so einfach zu finden. »Immer wieder antwortet man uns«, meldet Mann seinem Freund besorgt, »daß bis Ende August alles besetzt ist.« Auch im Kriegssommer 1918 herrscht in diesem Monat am Tegernsee Hochsaison. Zwar ist das Vereinsleben nahezu zum Erliegen gekommen, aber von außen hat die Postkartenidylle keinen Schaden genommen. Hotels und Wirtschaften sind geöffnet, es findet sogar gesellschaftliches Leben statt.

Die »Fremden« wohnen in gemieteten Zimmern in Bauernhöfen oder in Pensionen. Im »Gasthof Abwinkl« kostet das Zimmer, das schließlich für Bertram gefunden wird, zwei Mark pro Tag, und mit Verpflegung, die »gut und reichlich sein soll«, zwölf Mark. Stolze Kriegspreise. »Das war ja ehedem der Preis am Lido«, dem von Venedig nämlich, wundert sich Thomas Mann, »jetzt ist es der von Abwinkl«. Und das trotz einer Versorgungskrise, wie die Region sie nie erlebt hat.

Da Brennstoff knapp wird, stellt man die Bootslinie der »Benediktus« kurzerhand ein. Wegen Munitionsmangels sind Bierkrugdeckel aus Zinn und sogar Kirchglocken aus Bronze konfisziert worden, um eingeschmolzen zu werden. Gasthäuser erhalten ein Tischdeckenverbot; die Stoffe werden wegen des Bekleidungsmangels anderweitig gebraucht.

Schlimmer ist die Nahrungsmittelknappheit. Die Tegernseer Zeitung »Seegeist« berichtet von jeder neuen Rationierung. Betrug die wöchentliche Fleischration für jeden Erwachsenen im Mai 1918 noch 200 Gramm pro Woche, sind es im August nur noch 180 Gramm. Kinder unter zwei Jahren erhalten nichts mehr, und verordnen die Behörden eine »fleischlose Woche«, verfallen die Fleischmarken dieser Woche vollständig. Die Walnussernte wird beschlagnahmt. Man sammelt essbare Haselnussblätter, während Obstpreise Höchststände erreichen. Als erhebliche Mengen Weißkohl und Karotten aus Norddeutschland gemeldet werden, ist die Freude daher groß. Vitamine können gerade die Kinder gut gebrauchen. Die Schuluntersuchungen zeigen, dass diese in ganz Deutschland besonders leiden. Nach dem Hungerwinter 1916/17 sind Kriegskinder im Durchschnitt zwei Kilogramm zu leicht und weisen einen Wachstumsrückstand von zwei bis drei Zentimetern auf.

Im Tegernseer Tal spielen sich wegen der Engpässe während des letzten Kriegsjahres Tragödien ab. Diebstähle aus Not sind an der Tagesordnung, Wilderei wird Volkssport. Gestohlen werden Butter, Kleider, Räder, und die Strafen sind drakonisch. Bei Kreuth ereignet sich ein Drama, als drei Bauern beim

Wildern am Buchersulzgraben erwischt werden. Der Jagdaufseher des Grafen Törring von der Glashütte, zuständig für das Gebiet, ertappt sie in flagranti. Es kommt zum verzweifelten Kampf, die Wilderer erwürgen den Jagdaufseher.

Auch einem Dienstmädchen aus Wiessee steht ein Verfahren in Tegernsee bevor, wegen Diebstahls. Zum Prozesstag erscheint sie nicht beim Amtsgericht. Tags darauf zieht man ihren Leichnam unweit des Kainzenhofs in Wiessee aus den Wellen. Ins Wasser gegangen sei sie, mutmaßt der »Seegeist«, aus »Scham über ihre Verfehlungen«. 18 Jahre war das Mädchen alt, sein Name war Margarete.

Die einen im Tal schalten Durchhalteparolen im regionalen Anzeiger – wie der Privatmann Franz G.: »Unterliegen?! – Wer denkt dies? Pfui! (...) Wir müssen – wollen – werden siegen!« Sogar für deutsche Kriegsanleihen, mittlerweile ein Investment-Debakel mit Ansage, wird im August 1918 noch geworben. Währenddessen sterben auf den Schlachtfeldern die letzten der annähernd 200 000 bayerischen Soldaten, die im Ersten Weltkrieg den Tod finden. Bald werden Gemeinden wie Tegernsee, Gmund, Wiessee, Kreuth Kriegerdenkmale errichten, auf denen die Namen derer stehen, die nicht heimgekehrt sind.

Andere melden sich mit lauten Empörungsrufen über die Zumutungen der Zeit. Auf einer öffentlichen

Sitzung zürnen SPD-Lokalpolitiker, dass der Stand der Lebensmittelzuweisung am Tegernsee »unhaltbar« sei. Am Chiemsee etwa sei die Zuteilung an Kartoffeln höher. Die Politiker fordern eine »allgemeine Erhöhung der Kopfration auf ein Quantum, mit dem der Mensch auch wirklich existieren kann«. Besonders unerträglich: »Durch den wilden Aufkauf durch die Fremden, die unerhörte Preise bezahlen, wird der einheimischen werktätigen Bevölkerung direkt die Lebensmöglichkeit genommen.« Unterbunden müsse das werden, jeder Fremdenverkehr am besten völlig untersagt oder wenigstens nur in den Sommerfrische-Wochen von 15. Juni bis 1. September gestattet. Das beliebte Einmieten beim Bauern gehöre generell verboten, Aufenthalte der Städter auf drei Wochen beschränkt. Keine Ausnahmen, auch nicht bei ärztlichen Gutachten, die gute Landluft empfehlen!

Und da man sich auf dieser SPD-Veranstaltung nun wirklich in Rage geredet hat: Hier wütet man auch über die bereits erwähnte »maskeradenhafte Kostümierung« und das »buntscheckige Zipfelhaubenunwesen« mancher Urlauberinnen – gemeint sind deren Trachteninterpretationen, die so wenig Respekt vor der Tradition beweisen. Sich auf dem Land breitmachen, mit vollem Portemonnaie den Bauern unter der Hand Milch, Butter, Fleisch abkaufen, und dazu noch kulturelle Aneignung! Jetzt langt's: »Dem in dieser Beziehung mangelnden eigenem Empfinden muss durch entsprechende amtliche Gegenmaßnahmen nachgeholfen werden.«

Nimmer lang, dann ist Novemberrevolution.

Doch nun: Bühne frei für Hedwig und Alfred Pringsheim. Am 19. August erreichen sie Tegernsee mit der Bahn aus München. Katia schafft es nicht rechtzeitig zum Bahnhof, um ihre Eltern in Empfang zu nehmen, der See war zu stürmisch für die Überfahrt. So trifft man sich erst nachmittags in der Villa Defregger »zum verspäteten Tee«.

Mehr als vier Wochen sind die Manns nun schon am See und in den Ferien. Die Großeltern finden ihre großen Enkelkinder fidel und sonnengebräunt vor, vor allem die abenteuerlustige Erika mit ihren zerkratzten Knien, denn sie wird im Sommer regelmäßig »braunrot wie eine Herzkirsche«. Alle Manns hätten sich nach diesem ersten Monat richtiggehend eingelebt, auch das Baby, notiert die Großmutter in ihrem Tagebuch: »Die Kleine allerliebst u. sehr entziffert, das Haus wirklich reizend, die Misère mit nur einem Mädchen immer die gleiche.« Eine Hausangestellte ist anscheinend kurzfristig abhandengekommen. Auf das Dienstbotenproblem ist auch in den Ferien Verlass.

Doch die Wiedersehensfreude ist groß und der Sommer auch. Bei strahlend schönem Wetter besuchen die Pringsheims die junge Familie in Abwinkl zum Essen und Plaudern, baden gemeinsam mit ihr am privaten Steg unten am Ringsee, halten Mittagsruhe. Oft liest Hedwig Pringsheim, von den Enkeln »Offi« genannt, den vier Ältesten vor. Dies ist ein Ritual, und die Lektüre ist anspruchsvoll. In diesem Sommer handelt es sich um »Nicholas Nickleby« von Charles Dickens, die sozialkritische Geschichte eines jungen Hilfslehrers, der für seine Schüler kämpft.

Die Kinder sind Vorlesestunden gewohnt. Wenn ihr Vater nicht aus dem eigenen Werk liest, wählt er gern die russischen Erzähler, Tolstoi oder Gogol. Besonders Gogols »Geschichte vom großen Krakeel zwischen Iwan Iwanowitsch und Iwan Nikiforowitsch« begeistert ihn: »So etwas, wie der Streit der beiden Iwans um die Flinte, versöhnt mit dem Leben. Es ist verzweifelte Komik, aber diese ist die komischste. Herrlich der tief trübsälige Schluß nach all der Skurrilität.«

Die Vorlesestunden mit der Großmutter sind dennoch ein ganz besonderes Vergnügen. In ihrer Jugend hatte sie sich als Schauspielerin probiert, und ihr Sprachgefühl ist »prachtvoll gut«, findet ihr Enkel Klaus. Den einzelnen Personen verleiht sie individuelle Nuancen, und spannende Stellen arbeitet sie atemberaubend heraus. Außerdem sind gerade Dickens schaurige Abenteuer vor allem für Klaus und Erika genau das Richtige.

In Abwinkl wird zum »herrlichen Tee« mit der Familie Apfelkuchen mit »Schlagsane« gereicht, in diesen Zeiten eine solche Sensation, dass Hedwig Pringsheim hinter diese Information in ihrem Tagebuch ein Ausrufezeichen in Klammern setzt. Überhaupt ist die Verpflegung objektiv betrachtet nicht so schlecht, wie Frau Pringsheim manchmal klagt. Immerhin soupiert sie am See mit ihrem Gatten auch »Risotto aus Kälberzänen«, serviert werden ein anderes Mal »Gemüseplatte« und »Hirschcotelettes«, außerdem nicht nur Kaffeeersatz, sondern auch echter Tee und gelegentlich ein Bier. Man ist eben wohlhabender Sommerfrischler.

Hedwig Pringsheim ist klug genug, der Familie ihrer Tochter in den Ferien nicht jede Minute auf die Pelle zu rücken. Mit ihrem Mann Alfred macht sie manche Unternehmung zu zweit. Mal besichtigen sie den Ort Wiessee, der einen gewissen Ruf als Kurort hat (bei der Bohrung nach Erdöl war man 1909 stattdessen auf jodschwefelhaltige Heilquellen gestoßen) und doch keinen Eindruck auf Frau Pringsheim macht (»primitiv und reizlos«), mal gehen sie auf Wandertour. Anders als ihre Tochter Katia hält sich die 63-jährige Hedwig mit regelmäßigem Turnen fit, und auch Alfred ist mit knapp 68 Jahren immer noch recht abenteuerlustig.

Auf dem Rückweg vom immerhin zehn Kilometer entfernten Schliersee besteht er eigensinnig darauf, eine neue Route auszuprobieren. Das geht gründlich schief. Sie verlaufen sich bei sengender Hitze, geraten wegen der Verspätung in ein Gewitter, klettern bei Blitzen und strömendem Regen schutzlos über Sumpflöcher und können sich irgendwann bei einem Bauern unterstellen. Dort sehen sie ein, dass der Regen anhalten wird, und erreichen nach quälendem Marsch Tegernsee, »total durchweicht, bis auf die Haut durchnässt u. verdreckt und tötlich erschöpft, nach 5 1/4 St. Laufens«. Anderntags sind die Füße wund und Hedwig Pringsheims Schuhe hinüber. Im Tagebuch heißt es: »... meine total ruinierten Stiefel zum Schuster getragen und den ganzen Tag, da trübes, drohendes Wetter, in Alfreds zweitem Paar herumgelatscht, kein schöner Anblick.«

Keine Spur von Streit mit Alfred, den immerhin eine Teilschuld am Schliersee-Schlamassel trifft. Dabei hat er gerade im Juni dieses Jahres schon eine »sehr peinliche Auseinandersetzung« verursacht, »wegen eines häßlichen Zwischenfalles« mit Anni, dem Hausmädchen. Anders als andere »Zwischenfälle« des untreuen Gatten war dieser wohl so indiskret, dass Hedwig ihn »unmöglich ignorieren konnte«.

Aber so ist er eben, ihr furchtbar süßer kleiner Mann. Hedwig Pringsheim sieht es ihm nach, wie sie überhaupt sehr großmütig sein kann. Während etwa ihr Enkel Golo in der Familie als wunderlich gilt, betrachtet sie ihn vielmehr als »unbezalbar komisch«. Ihre Patentheit macht ihr auch keiner nach: Läuse knacken, Flöhe töten, ob bei ihrem geliebten Schoßhund oder damals bei den eigenen kleinen Kindern? Kein Problem für die Dame aus bester Gesellschaft.

Ihr Pragmatismus gebietet es ihr auch, während ihres zehntägigen Aufenthalts am Tegernsee Waffenstillstand mit dem andersdenkenden Schwiegersohn und dessen loyaler Ehefrau Katia zu schließen und politische Diskussionen zu vermeiden. Es sind schließlich Ferien, man muss trotz unterschiedlicher Weltanschauungen auch mal heiter bei Tee und Schwimmen miteinander Zeit verbringen können.

Und überhaupt: Soll man wirklich wegen politischer Divergenzen mit der Familie brechen? Mit der eigenen Tochter, die die russischen Generalstabsberichte während des Krieges grundsätzlich nicht gelesen hat, weil sie sie für erlogen, also für: »Lügenpresse« hält? Mit dem Schwiegersohn, der aus Angst vor dem Verlust einer vertrauten Welt chauvinistischen Kräften zuneigt, die verzagten Gemütern Ordnung und Stärke versprechen?

Hedwig Pringsheims Strategie ist eine andere. Nie hält sie mit ihrer Meinung hinter dem Berg, nie verleugnet sie ihre sozialliberale Haltung und ihre Skepsis. Weiterhin hält sie Krieg für Wahnsinn:

»... ist nicht jeder der Getöteten einer Mutter Son?« Sie kennt den Schmerz, sie hat selbst ihren Sohn Erik verloren.

Aber nie bricht sie den Kontakt ab. Ihre Tür bleibt offen, ihre Hand ausgestreckt. Mit Katia verbindet sie ein starkes Band. Sie weiß, dass diese beunruhigt ist wegen »Tommy's Buch, das in den heutigen Weltlauf so schlecht paßt«. Und dieses Band erstreckt sich auf die Enkelkinder und, ja selbstverständlich: auch auf den Schwiegersohn, und wird trotz Strapazierung halten, bis man wieder näher aneinanderrückt. Irgendwann wird, muss es so sein. Sie sind ja doch: »meine Manns«.

Wer an Beziehungen treu festhält, muss warten können. In der Zwischenzeit braucht es Momente der Nähe. Man kann über die Kinder sprechen und über die witzigen Theaterstücke, die sie in der Villa für die Großen aufführen. Oder über die neue Erzählung »Herr und Hund«, ein harmloses Thema, das die Hundenärrin Hedwig Pringsheim bestimmt fesselt. Oder gutmütig über Katias und Thomas' »nervös-aufgeregte Angst« vor Gewittern spotten, die derzeit reichlich Zündstoff erhält: Alle paar Abende grollt es über dem Wasser und den von Blitzen grell erleuchteten Bergen, um dann wieder zu einem herrlichen Tag aufzuklaren mit einer Mittagsglut, die zur Abkühlung ins Seewasser zwingt.

Wie ergeht es Thomas Mann dieser Tage?

Er freut sich, dass Ernst Bertram es zum Ende des Monats doch noch geschafft hat, für einen Kurzbesuch an den Tegernsee zu reisen und in Laufnähe ein Zimmer zu beziehen. Dort kann Mann ihn abholen zu Spaziergängen nach Altwiessee, entlang des Ufers und der Ringseeinsel, die nach einer alten Legende entstanden sein soll, weil der Teufel so eifersüchtig war auf die von Gott geschaffene Pracht des Tales: Er erkletterte den nahen Gipfel des Berges Leonardstein, brach ein Stück Fels ab und schleuderte es in den Tegernsee. Der wurde nicht etwa durch Überschwemmung vernichtet, sondern durch die liebliche kleine Insel mit ihrem Vogelreichtum … noch schöner.

Einmal besuchen die Freunde Mann und Bertram das nahe gelegene Bad Kreuth. Der Weg beginnt am Kurpark, von wo man Blick hat auf diesen Leonardstein mit seiner Matterhorn-ähnlichen Spitze. Weiter geht es am Bach Weissach entlang, dann hoch zur lang gestreckten Kuranstalt auf ihrer Anhöhe. Im darüber gelegenen Wald plätschert die Heilquelle am Denkmal, das man dem bayerischen König und Tegernsee-Liebhaber Max I. Joseph nach seinem Tode errichtet hat: »Rein und segensreich wie diese Quelle war sein Leben«. Und immer reiner wird die Luft, je weiter man in Richtung Kleine Wolfsschlucht vordringt mit ihren rauschenden Wasserfällen und den vom Bach ausgewaschenen Gumpen im Stein, in die man sich legt wie in eine Badewanne. Hier blüht er, genau jetzt, der Enzian. Blau leuchten seine Fackeln am Wegesrand.

Die beiden Herren gehen und denken und sprechen. Ganz sicher auch über die Weltlage. Denn ein Ende des Krieges durch den Sieg der Deutschen, ein »Siegfrieden« also, scheint jetzt ein Wunschtraum geworden zu sein.

Der Austausch mit Bertram ist für Thomas Mann bestärkend und tröstend: »Immerhin, man ist doch tapferer, man hat dickere Nerven zu zweien.«

Auch in der Villa Defregger fühlt er sich besser, wenn Bertram beim Familientee an seiner Seite sitzt. Die gemeinsame Zeit mit den Schwiegereltern verläuft zwar diszipliniert, aber anstrengend ist sie doch. Nun kommen auch noch Hallgartens vorbei, Nachbarn aus dem Münchener Herzogpark! Sie unterhalten in einem Rottacher Bauernhof eine reizvolle Sommerwohnung. Robert Hallgarten ist immerhin kultivierter Privatgelehrter und sein Sohn Ricki ein begabter Knabe. Von ihm stammt die fotografische Momentaufnahme von Katia mit ihrem Baby Elisabeth auf dem Arm vor der Villa Defregger. Ricki geht ein und aus bei den Manns, er ist der engste Freund von Klaus und Erika.

Aber Constanze Hallgarten, Rickis Mutter, ist ebenfalls dabei und Thomas Mann ein Ärgernis mit ihrem pazifistischen Gerede. Frauenrechtlerin ist sie auch noch. Eine dumme Person, findet er, »albern« und natürlich dicke mit Hedwig Pringsheim, pazifistische Tochter der Feministin Hedwig Dohm.

Nun, er hat sich bemüht, wie er konnte. Aber zum Ende des Aufenthalts der Schwiegereltern und mit dem Besuch von Hallgartens, da kapituliert er. Und flüchtet sich für zwei Tage ins Bett, mit, Hedwig Pringsheim hebt in ihrem Tagebuch maliziös die Augenbraue: »Bauchmigräne«. Ja, in Anführungszeichen.

Dann reisen die Pringsheims wieder ab und Ernst Bertram ebenfalls. Bauschan darf sich auf ungestörte Ausflüge mit seinem Herrn freuen.

Es sieht so aus, als ob das Ehepaar Mann das gesellschaftliche Highlight dieses Tegernseer Sommers verpasst hätte, zumindest findet sich nirgendwo ein Hinweis auf seine Anwesenheit. Am 23. August hat es stattgefunden: das große Konzert des Operntenors Leo Slezak im Gasthof »Überfahrt«, direkt am Seeufer in Egern. Während des Krieges hat Slezak mehrfach seine Sommer- und Diätferien für Wohltätigkeitskonzerte unterbrochen und die Erträge an notleidende Bürger oder als »Ludendorff-Spende« weitergegeben, was ihm hoch angerechnet wird.

Es ist ein festlicher Sommerabend. Hoch steht der Mond am Himmel. Viele prominente Gäste sind erschienen, auch Ludwig Thoma, der etwas weniger knurrig wirkt als sonst. Erst vor ein paar Tagen ist ihm auf einem anderen Slezak-Wohltätigkeitskonzert ein großes Glück geschehen: Er hat seine Jugendfreundin Maidi von Liebermann wiedergetroffen. Damit sie bei ihm bleibt, schreibt ihr der 51-Jährige Briefe in weichen Worten: »Dann geh' ich wieder auf den Berg und hol' mir Hoffnung herunter.«

Slezak hat seinem Freund Thoma die letzte Liebe beschert, und den Zuhörern schenkt er das Glück seiner Musik. An diesem Abend trägt er »Walthers Preislied« aus Wagners »Die Meistersinger von Nürnberg« vor, Griegs »Zur Johannisnacht« und Schuberts »Am Meer«.

Es gibt noch ein Lied, das er in jedem Tegernseer Sommer singt, für ein kleines jüdisches Mädchen und dessen Mutter. Grete Weil, später eine enge Freundin von Klaus Mann, wohnt mit ihrer Familie um die Ecke von Leo Slezaks »Blumenhäusl« im Egerner Malerwinkel, und Slezak besucht die Familie Weil stets zum Musizieren. Dann singt er jedes Mal auch eine Weise, die dem Mädchen Grete unvergesslich bleibt: den »Lindenbaum« von Franz Schubert, die vertraute Melodie vom »Brunnen vor dem Tore«.

An diesem Brunnen steht der Lindenbaum der Heimat, in dessen friedvollem Schatten sich zurückträumt, wer eine Wanderung ins Dunkle antreten muss wie ein Ruheloser oder wie ein Soldat. In glücklicheren Zeiten hat er in die Rinde des Baumes »so manches liebe Wort« geschnitten. Jetzt hört er in seiner Einsamkeit die Zweige rauschen, »als riefen sie mir zu: Komm her zu mir, Geselle, hier find'st Du Deine Ruh«. Es ist wie ein Versprechen: »Du fändest Ruhe dort, Du fändest Ruhe dort.«

Es ist ein Lied des Heimwehs, es handelt von der Sehnsucht nach Trost und Zuhause und wahrscheinlich von der Sehnsucht nach dem Tod. Ein gewisser Hans Castorp wird es später in einem Lungensanatorium auf einem hohen Berg hören, gespielt auf einem Grammophon, und er wird denken: »Es war so wert, dafür zu sterben, das Zauberlied!«

Vielleicht ist der »Lindenbaum« eine Zugabe am Liederabend von Leo Slezak auf der Egerner Konzertbühne und weht in dieser Sommernacht über die mondbeschienenen Wasser hinüber zum Ringsee, hinüber zu Thomas Mann. Dieses traurige, »wunderherrliche Lied«, es ist auch eine seiner Lieblingsweisen und Teil seiner inneren Musik.

Gemütvoller mit den Jahren

Man stelle sich vor: In der Villa Defregger sitzt ein Schriftsteller an seinem Schreibtisch und legt als verpflichtende Hausaufgabe dieser Sommerferien letzte Hand an Fahnen und Umbruch eines 600-Seiten-Buches, das er jetzt eigentlich genauso gut im Garten verbrennen könnte.

Denn ein Fingerschnippen später haben die Staaten der Entente und ihre Verbündeten – Frankreich, England, Italien und die USA – den Widerstand der Deutschen endgültig gebrochen. Unter pausenlosen Angriffen der Alliierten beginnt der Rückzug an der Westfront. Es ist die inoffizielle Niederlage im Ersten Weltkrieg. In ein paar Wochen bricht das deutsche Kaiserreich in sich zusammen.

Und im Manuskript der »Betrachtungen eines Unpolitischen«, das in der Villa Defregger auf dem Arbeitstisch liegt, verteidigt ihr Verfasser die seelenvolle, tragische germanische »Kultur« erbittert gegen das Feindbild dieser modernen, demokratischen »Zivilisation«, die da gerade obsiegt. Schlechtes, sehr schlechtes Timing.

Das Buch wird ein intellektuelles Rückzugsgefecht. Hier träumt ein Künstler von der Tradition des 19. Jahrhunderts, die ihn geprägt hat, von »Romantik, Nationalismus, Bürgerlichkeit, Musik, Pessimismus, Humor«, von einer alten Welt, in der er seine Ruhe hatte und seinen Platz kannte. »Ich will nicht Politik«, schreibt er: »Ich will Sachlichkeit, Ordnung, Anstand.«

Da die Demokratie den Geist und die Kunst politisieren wolle, wie er glaubt, bekämpft er sie, denn er will ein unpolitischer Kulturmensch sein, unbedingt. Dafür begibt er sich ins national-konservative, autoritäre und höchst politische Lager des Wilhelminischen Obrigkeitsstaates, der seine künstlerische Innerlichkeit schützen soll, und wenn das jemand paradox finden möchte – bitte schön.

Besonders heftig drischt Thomas Mann auf den Typus des »Zivilisationsliteraten« ein, also recht persönlich auf seinen Bruder Heinrich, den liberalen Demokratiesympathisanten. Der Hass war über die Jahre des Schreibens an den »Betrachtungen« ein starker Motor und hat nun auch mit Vollgas in die Sackgasse geführt.

Aber die Devise lautet: Lieber nobel scheitern als jetzt klein beigeben. Das verschriftlichte Gedankenmonster liegt hier als bitteres Selbstgespräch eines Mannes, der die Schlaumeier verachtet, die ihr Fähnlein nach dem Wind des politisch korrekten Zeitgeists hängen, »die Stutzer und Zeitkorrekten, jene geistigen Swells und Elegants, welche die letzten Ideen und Worte tragen, wie sie ihre Monokel tragen: z. B. ›Geist‹, ›Liebe‹, ›Demokratie‹, – so daß es heute schon schwer ist, diesen Jargon ohne Ekel zu hören«.

Das ganze Opus: ein Aufbäumen der Vergangenheit gegen die Zukunft. Eine reaktionäre Trotzreaktion. Es ist, und der Autor ahnt es selbst: »Ausdruck einer Krisis«.

Wenn Thomas Mann die Seiten durchgeht, bereut er zwar kein Wort. Aber er distanziert sich gleichzeitig schon, etwa von der Euphorie bei Kriegsausbruch 1914, denn, »seien wir ehrlich, wir schämen uns heute ein wenig all jenes finsteren und freudigen Ungestüms«. Vor allem das nachträglich verfasste Vorwort soll relativieren. Er will das Werk nicht als Buch verstanden wissen, sondern als »Suchen, Ringen und Tasten«, als eine »Dichtung«, denn eine Dichtung darf alles, auch absolut widersprüchlich sein.

Und nun ab damit an den Verlag, per Post. Das Manuskript ist fertig für den Druck. Jetzt kann sein Verfasser nichts mehr tun als warten.

Welche Rolle wird dieses eigenartige Stück Literatur spielen? Wird es überhaupt eine spielen? Diese

Fragen beschäftigen Thomas Mann sehr. Plötzlich durchzuckt ihn schier Undenkbares: »Es ist aber auch möglich, daß Unlesbarkeit es vor dem Bemerktwerden schützt.« Dann werden seine Gegner die »Dichtung« eben nicht in der Luft zerreißen, sondern ignorieren. Und ihr erst 43-jähriger Schöpfer wird »in Freiheit u. Melancholie verdorren«. Das kann doch keiner ernstlich wollen?

(Nebenbei, die »Betrachtungen« sind tatsächlich nicht leicht zu lesen, nicht mal für Thomas-Mann-Aficionados. Wohlwollende Kenner werden es »das sonderbarste aller Bücher« nennen. Die weniger wohlwollende Schwiegermutter Hedwig Pringsheim hingegen wird den 600-Seiten-Brocken als »unerträglich« bezeichnen und nur »unter heftigem Protest« beenden. Andere Leser werden es nie bis zur letzten Seite schaffen.)

Die ganze Situation: ein Desaster, vergleichbar nur mit dem des historischen Einschnitts für das Vaterland. Darunter tut es der »Dichterfürst« bei der Selbsteinordnung nicht: »Die Katastrophe und Weltniederlage (...) ist da. Es ist auch die meine.«

Aber tatsächlich drohen ja seine Urängste wahr zu werden, die er seit der Erzählung »Der kleine Herr Friedemann« so schutzlos preisgegeben hat: vor der Welt als Außenseiter dazustehen. Verhöhnt und verächtlich gemacht zu werden. Hier geht es zwar nicht um eine aussichtslose sinnliche Leidenschaft wie in der Erzählung, sondern um eine aus der Zeit gefallene Geisteshaltung, aber im Ergebnis ist das doch egal. Am Ende würde alles vernichtet: das Ansehen, die Würde, die Existenz.

Man muss sich den Thomas Mann der letzten Wochen und Monate des Ersten Weltkrieges als tief zerquälten und verwirrten Menschen vorstellen. Er grämt sich, sorgt sich, hadert. Liegt nächtelang wach, und wenn er doch endlich wegdämmert, träumt er vom entfremdeten Heinrich, dem er die herrlichsten Crèmetortenstücke zuschiebt, »indem ich auf meinen Anteil verzichtete«. Das Unterbewusstsein will Versöhnung, der Trotz verbietet es. Denn Heinrich Mann, sein Bruder, der Rivale, wird 1918 der Literat der Stunde. Sein Roman »Der Untertan«, diese lange von der Zensur ausgebremste Satire auf die Autoritätshörigkeit im Wilhelminischen Kaiserreich, findet bald reißenden Absatz.

Wenn die depressiven Gedanken zu schwer wiegen, denkt Thomas Mann »auf dem Mittagsspaziergang wieder einmal, wie gut es wäre, wenn ich jetzt stürbe«. Die gefährliche »Sympathie mit dem Tode«, sie schleicht sich bevorzugt auf einsamen Wegen an und flüstert von Ruhe und Stille: »Heute auf dem Mittagsspaziergang Todesgedanken und Pläne zu einem Testament mit dem Anfang: ›Ahnungen, die möglicherweise nicht nur das Erzeugnis meiner Wünsche sind, veranlassen mich –‹.«

Selbstabschaffungsgedanken, Trotz, frisches Selbstbewusstsein und Bangigkeit, all diese heftigen und widersprüchlichen Regungen geben sich im seelischen Souterrain, wo die Hunde heulen, die Klinke in die Hand, mitunter mehrfach an einem Tag.

Auf Dauer hält das natürlich kein Mensch aus.

Aber da gibt es etwas, zu dem sich Thomas Mann flüchten kann. Es hat einen eigenwilligen Haarschopf, lustige Augen und ist meist quietschvergnügt, und er kann es herumtragen und an sich drücken, während es ihm lachend mit Babyhänden ins Gesicht greift. Schon wenn es den Schriftsteller nahen sieht, strahlt es derart begeistert, dass ihn ein Glück durchflutet, als wäre er frisch verliebt.

In der schwersten Krise seines Lebens tröstet Thomas Mann die Liebe zu seinem »Kindchen«, der kleinen Elisabeth. Und sein literarisches Alter Ego in der Erzählung »Unordnung und frühes Leid«, der Geschichtsprofessor Cornelius, wird später erklären, warum: »Es ist sein erhaltender Instinkt, sein Sinn für das ›Ewige‹ gewesen, der sich vor den Frechheiten der Zeit in die Liebe zu diesem Töchterchen gerettet hat.« Es ist eine »Liebe auf den ersten Blick« und »ein Gefühl, das ungekannt, unerwartet und unerhofft (...) von ihm Besitz ergriff ...«.

Elisabeth ist ihren großen Geschwistern mit einigem Abstand gefolgt. In komischer Verzweiflung hatte ihr Vater zwar zuvor mitgeteilt, dass er sich im Falle einer fünften Vaterschaft mit Petroleum übergießen und anzünden werde. Nun aber ist er hingerissen. Einem Bekannten gegenüber macht er keinen Hehl daraus, dass er dieses Nesthäkchen »vom ersten Tage an mehr liebte, als die anderen vier zusammengenommen«. Obwohl er schon seit dreizehn Jahren Kinder hat, ist es diesmal ein ganz besonderes Erlebnis, und das dürfen auch alle wissen.

Zum ersten Mal erlebt der nicht mehr ganz junge Vater pures Elternglück. Das neue Gefühl überrumpelt ihn, darauf war er nicht gefasst. Er ist enorm gerührt – nicht nur von diesem kleinen Mädchen, sondern auch von sich selbst. Wie gefühlvoll er sein kann! Ganz egozentrischer Selbstbeobachter, liebt er sehr, wie sehr er lieben kann. Und doch ist dieses Vatergefühl echt und strapazierfähig und wird anhalten bis zum Schluss.

In seinem Tagebuch notiert er jede Ohrenentzündung, jedes Brabbeln, jedes Lächeln des kleinen Mädchens. Wenn die anderen Kinder laut werden, ist er immer schnell genervt – aber weint das »Kindchen«, gerät er außer sich: »Es warf sich und schrie, daß es mir das Herz zerriß (...). Setzt man Kinder in die Welt, so schafft man auch noch Leiden außer sich (...), an denen man sich schuldig fühlt.« Fast schon ein moderner Vater, ist er dabei, wenn Elisabeth gefüttert, gebadet und gewickelt wird und hilft sogar selbst mit, so gut er kann. Da er das mit seinen anderen Kindern nie geübt hat, agiert er beim Wickeln hilflos: »... ich allein mit dem geliebten Wesen, das naß und bloß war, u. dem ich die feucht-kalten Stücke abnahm, aber weiter nicht zu helfen wußte, u. das erschreckend schrie, wahrscheinlich unter dem Einfluß meiner Hilflosigkeit. Fürchtete, sein Vertrauen zu verlieren.«

Aber das Wunder ist ja: Auch Elisabeth scheint ihn bedingungslos und vertrauensvoll zu lieben. Sie lässt sich von ihm auf den Arm nehmen und trösten von seiner Umarmung und dem vertrauten Veilchenduft. Ihm gegenüber zeigt sie besondere Anhänglichkeit. Wer sein Kind trösten und beruhigen kann, fühlt sich gebraucht und gestärkt. Für den verunsicherten Schriftsteller ist diese Erfahrung die Rettung. Das Zusammensein mit der Jüngsten »entzückt und erquickt mein Herz immer aufs Neue«.

Und es führt zu Selbsterkenntnis und ein klein wenig Reue. Erstmals gesteht er sich selbst ein, dass er sich das Familienleben mit seinen vier älteren Kindern zuvor nur als Abenteuer hatte gefallen lassen, mit »neugieriger Kühle« und allzu schnell reizbar. Dass es ihm vor allem darum gegangen war, seine

»Freiheit und Einsamkeit« vor dem quirligen, quengeligen Leben zu schützen.

Aus seiner Ferienresidenz in Abwinkl schreibt er in diesem Sommer an die Schriftstellerin Ida Boy-Ed: »Ich habe für keins der früheren Kinder so empfunden, wie für dieses. Das geht Hand in Hand mit zunehmender Freude an der Natur.«

Und er fragt die Brieffreundin, aber wohl eher sich selbst: »Wird man allgemein gemütvoller mit den Jahren? Oder ist es die Härte der Zeit, die mich stimmt, zur *Liebe* disponiert?«

Es ist natürlich beides zusammen. Je lauter die Welt in Stücke fällt, desto tröstlicher das emotionale Kontrastprogramm dieser Wochen: das Kind, die Natur, der Hund.

Als wie heilsam empfindet er jetzt die Zeit mit dem Baby, in dessen Gegenwart verlässlich die Sonne aufgeht.

Auch der Ringsee, diese runde Bucht am Tegernsee, bildet für ihn einen natürlichen Schutzraum abseits des Weltenlärms. Im Moment denkt er, »dem Leben nur bei Ruhe u. Zurückgezogenheit gewachsen« zu sein. Die Villa Defregger ist zwar keine »Walden«-Blockhütte, in die sich der amerikanische Fortschrittsskeptiker und Naturfreund Henry David Thoreau 1845 für zwei Jahre zurückgezogen hat, um sich selbst und dem richtigen Dasein näher zu kommen. Und Thomas Mann ist, anders als Thoreau, kein asketischer Aussteiger. Aber auch die beiden Monate am Tegernsee mit seinen wechselnden Farben und Stimmungen, dem majestätischen Alpenpanorama und den Bergbächen im angrenzenden Wald verleiten zum Innehalten und Nachdenken über die Essenz des Lebens, die Schönheit des Einfachen und wie gut es doch täte, sich selbst genug zu sein. Reflektiert wird diese Wahrnehmung durch die Naturbeobachtungen der aktuellen Lektüre: Adalbert Stifter, bei dem sich der zivilisationsüberdrüssige Kollege Mann, wie er sagt, »irgendwie bei mir zu Hause« fühlt.

Und wer mit seinem Hund täglich durch ein solches Idyll streift, kann ohnehin nicht anders, als trotz aller Sorgen gelegentliche Hochstimmung zu erfahren. Die Begeisterungsfähigkeit und Lebensfreude eines Vierbeiners sind rettungslos ansteckend, Gott sei Dank. So übel kann die Laune gar nicht sein, dass man von der Morgenrunde mit seinem Hund nicht leichteren Herzens zurückkehren würde. So ist auch das Miteinander von »Herr und Hund« wirklich und wahrhaftig und nicht nur des hübschen Untertitels wegen: »ein Idyll«.

Inzwischen hat Thomas Mann schon das fünfte und letzte Kapitel seiner Hundeerzählung in Angriff genommen. Im Kapitel »Die Jagd« will er über die

Feldmäuse schreiben, die vom bäurischen Bauschan in Speisebrei verwandelt werden. Dass die Angst ein »verstärktes Lebensgefühl« weckt, will er notieren, dieses seltsame Phänomen lässt sich ja nicht bestreiten. Auch die Hasenhetze, die sich perfekt zum Vorlesen eignen wird, soll nun drankommen.

Und mehr und mehr prägt Empathie die Erzählung. Wie rührend Bauschan ist, und wie dumm es von ihm, dem Erzähler, doch war, den Vorgängerhund so oft mit der Peitsche zu schlagen! Wieder etwas, was ihn reut. Manchmal, ja, da greift er schon noch zum Stock. Aber eigentlich weiß er im Innersten, wie grausam Hitzigkeit sein kann. Er verlangt seinem jetzigen Hund Bauschan, dieser »wunderlichen Seele«, deshalb keine albernen Zirkustricks mehr ab, die dessen Natur widersprechen. Was soll er auch über einen Stock springen, wenn man rechts und links daran vorbeitraben kann.

Und mit dieser neu entdeckten Empathie erzählt Thomas Mann, wie Bauschan krank wurde und wie sie sich um ihn sorgten.

Was war es nur, woran das Tier litt? Es blutete plötzlich aus Maul oder Nase, heftig, und hinterließ rote Blutspuren, wo immer es sich befand, ob auf seinem Strohlager, dem Zimmerboden oder im Gras. Eine äußere Verletzung ließ sich nicht feststellen. Der Hund musste in die Uni-Tierklinik in Schwabing gebracht werden. »Schöne Augen hat er«, so der Professor, der vage auf Nervosität oder »tracheale oder pharyngeale Blutungen« tippte und einen achttägigen Aufenthalt empfahl.

Allein die Szene, in der Bauschan abgeführt wird und sich »mit verwirrtem und ängstlichem Gesichtsausdruck« nach seinem Menschen umwendet, ist ergreifend. Dass es dem Tier nach acht Tagen kein bisschen besser geht, erkennt jeder. Thomas Mann findet den Hund bei seinem Besuch in einer Art Raubtiergehege, umgeben von Gekläffe, die Luft ist schwer von süßlichem Medikamentendunst. Bauschan liegt teilnahmslos auf der Streu eines Gitterkäfigs und hebt kaum den Kopf. Bittere Hoffnungslosigkeit umgibt ihn. Vierundzwanzig Stunden habe der Kerl geheult, dann sich »eingelebt«, bemerkt der Wärter ungerührt, fressen tue er kaum, beißen aber auch nicht. Sei halt ein Gutartiger, und wegen der »okkulten Blutungen«, oder was das sei, müsse er weitere acht Tage bleiben, Anweisung vom Professor.

Der Hundeherr verlässt die Klinik mit »Kummer und Empörung im Herzen«. Er empfindet Sorge um das Seelenheil des Tiers. Auch er leidet. Ihn quälen Selbstvorwürfe.

Denn natürlich hatte er heimlich auf Unabhängigkeit gehofft, solange das Tier in der Klinik war. Keiner da, der ihn »durch die Glastür mit dem Anblick seines Wartemartyriums« behelligt, keiner da, der schon wieder die Arbeit unterbricht, keiner da, der stört. Aber zu seinem eigenen Erstaunen erfährt Thomas Mann nun, »daß die Fessel des Mitgefühls« seinem eigenen Wohlsein zuträglicher gewesen war als »die egoistische Freiheit«, nach der ihn gelüstet hatte.

Beim Krankenbesuch nach der zweiten Woche liegt Bauschan ebenso reglos im Käfig wie zuvor. Seine Augen sind stumpf, seinen Herrn beachtet er nicht mehr. Er hat aufgegeben. Die Blutungen? Harmlos, aber vielleicht zur Sicherheit weitere acht Tage ...? Da öffnet Thomas Mann den Käfig, holt seinen Hund heraus und nimmt ihn mit nach Hause.

Es dauert, bis Bauschan den Kopf nicht mehr hängen lässt. Sein Herr kann ihm ja nicht erklären, dass er es nur gut mit ihm gemeint hatte, als er ihn weggab. Und der Hund vergisst. »Die Zeit«, heißt es, deckte den hässlichen und so sinnlosen Vorfall zu, »wie es ja auch zwischen Menschen zuweilen geschehen muss«, damit es weitergehen kann. Alles, fast alles, wird wieder gut.

Es ist eine schmerzliche Episode, von der hier berichtet wird. Aber sie hat den Hundeherrn eine wichtige Lektion gelehrt.

»Gemütvoller mit den Jahren?« Allerdings. In diesem krisengeschüttelten Kriegssommer 1918 geht eine Wandlung vor in Thomas Mann und mit seiner Sicht auf das Leben. Sein Rückzug in das Idyll am Zaubersee macht ihn weicher. Und er wird dieses neue Gefühl seinen literarischen Texten einschreiben.

Zuerst tut er dies in »Herr und Hund«, für ihn »eine seelische, idyllisch-menschliche Reaktion auf die Zeit, ein Ausdruck einer durch Leiden und Erschütterungen erzeugten weichen Stimmung, des Bedürfnisses nach Liebe, Zärtlichkeit, Güte, auch nach Ruhe und Sinnigkeit«.

Und schon schwebt Thomas Mann ein Werk für den Anschluss vor, ebenfalls ein Idyll. Eine öffentliche Liebeserklärung an sein jüngstes Kind soll es werden, ein »Gesang vom Kindchen«, vorgetragen im klassischen Versmaß des Hexameters, episch und ewig wie sein Gefühl.

Hass muss kreativ machen. Sonst ist es gleich gescheiter, zu lieben, findet der österreichische Publizist Karl Kraus.

Liebe und Güte, entdeckt Thomas Mann in seinem Tegernseer Sommer, sind tatsächlich neue und starke Impulse.

Jetzt kommen die letzten feierlichen Sommertage, an denen die Wärme das zu lockeren Reihen aufgetürmte Heu süß duften lässt und helles Licht am Himmel steht. Wer jetzt abends schwimmt, spürt die

Kühle des Wassers danach schon länger in den Gliedern. Es ist Ende August, und alle warten auf das eine entscheidende Gewitter, das den Sommer bricht. Wind wird an den Weiden reißen, Lichtzacken werden niederfahren, Wasser und Hagel werden gegen die schroffe Oberfläche des Sees trommeln, dessen Wellen sich auftürmen wie die Gipfel der Berge.

Danach beginnt eine neue Jahreszeit.

In gut dreißig Tagen beginnt die alte, vertraute Welt zu verschwinden. Der Übergang Deutschlands von der Monarchie in eine parlamentarische Demokratie ist dann nicht mehr aufzuhalten.

Und Frau Thomas Mann wundert sich, denn ihr ist neuerdings manchmal etwas übel.

SEPTEMBER

Ein Wille zum Abenteuer

Da brummen sie angriffslustig. Pünktlich zum September sind sie da, die bayerischen Wespen. Knabbern im Gebüsch an Brombeerrispen, umsummen Hagebutten, drängen durch die geöffneten Sprossenfenster ins Haus, auf Jagd nach Fleischresten. Die finden sie nur selten. Wenn schon mal Braten serviert wird in den Ferien der Familie Mann, bleibt garantiert nichts übrig.

Seit dem letzten krachenden Gewitter glänzt der Ringsee in der Früh wie ein Spiegel vor dem Defregger-Haus. In der Morgenluft hängt seidige Kühle. Die steigende Sonne erwärmt den Tag, und doch: Der Sommer erwacht aus seiner glühenden Schläfrigkeit. Der Himmel, vor Kurzem noch so diesig, kommt langsam zu sich und zeigt ein klares, waches Blau. Die neue Saison klopft an und fragt, wie es weitergeht, denn jetzt liegen weniger Ferientage vor den Manns als hinter ihnen. Am neunten September ist Abreise.

Für Katia bedeutet das nicht mehr viel Zeit, sich auf Vorrat zu erholen, bevor ihr Münchener Alltag beginnt. Nach den ersten Wochen am Tegernsee hat sie schon wieder recht wohl ausgesehen, man erkennt es auf dem Foto, das Ricki Hallgarten geknipst hat und auf dem sie ihr schönes Folklorekleid trägt und ihr schönes Lächeln. Die frische Landluft hat ihr gutgetan, der Besuch ihrer Eltern und der gelegentliche Luxus eines Apfelkuchens.

Es hat sich sogar Ersatz für das abtrünnige Hausmädchen gefunden. Anna heißt die neue Hilfe, und zumindest in den ersten Wochen hat sie sich so vernünftig angestellt, dass der Hausherr bei der Erwähnung ihres Namens in seinem Tagebuch auf die sonst üblichen Charakterisierungen der Dienstboten verzichten kann: »viehisch«, »grob«, »taub«, »vergnügungssüchtig«, »diebisch«, »verrückt«, »schimpfsüchtig«, »gewalttätig«, das fällt ihm zum Personal ja normalerweise ein. Dessen geballte Unfähigkeit und Renitenz erzeugt bei ihm »Ekel und Haß auf das nichtswürdige Gesindel«. Welch ein Glück also, wenn der Haushalt mal nicht wirkt wie ein Irrenhaus, wobei daran auch Katia oft Anteil hat, wenn sie mit ihrem dauernden Verlegen und Suchen von Dingen alle kirre macht. Jetzt aber läuft's gerade im Defregger-Haus. Eine Verschnaufpause, bis es wieder heißt: »Neue Kündigung aller Dienstboten.«

Die Versorgung von Personal wie Familie hat Katia in den letzten sechs Wochen hier am See effizient organisiert. Inzwischen kennt man sie auf dem Markt in Gmund und bei den benachbarten Bauern, bei denen sie, in Kriegszeiten eine Meisterleistung, täglich sechs Liter frische Kuhmilch ergattert. Sie kann es einfach mit den Einheimischen, auch auf gut »boarisch«, ist lustig, schlagfertig und »dantschig«, wie die Altbayern eine zauberhafte Erscheinung nennen. Und wenn sie die Kinder dabeihat, gibt es sowieso immer etwas zum Reden und Lachen.

Fünf Kinder! Da staunen die Bauern von Abwinkl. Dass es Künstler und Poeten in ihr Tal zieht, kennen sie natürlich, aber dass diese Feingeister derart viel Nachwuchs haben, ist schon ungewöhnlich. Wo er doch immer so olympisch wirkt, der Herr Schriftsteller, gell. Bisweilen sieht man ihn beim einsamen Spaziergang am Seeufer oder am Waldrand, eine aufrechte, gedankenverlorene Gestalt, deren Förmlichkeit nicht gerade zum kleinen Ratsch einlädt. Seinen Hund hat er auch immer dabei, den netten Mischling mit dem Schnauzbart. Passt schon, solange er den Hühnern nicht zu nahe kommt.

Über die endgültige Zahl ihrer Kinder dürfte Katia in diesen Tagen hin und wieder nachdenken. Oder ist im allgemeinen Besuchstrubel auch bei ihr untergegangen, dass etwas anders ist als sonst? Immer wieder plagt sie ein Anflug von Übelkeit. Womöglich ist es ihr zuletzt schwerer gefallen, bei der Radltour zum Einkaufen in die Pedale zu treten, obwohl auf der Rückfahrt der Hirschberg vor ihr liegt und die herrliche Aussicht die Fahrt beschwingt. Vielleicht hat sie nicht groß darüber nachgedacht, dass ihre »Souffrance«, wie sie ihr monatliches Unwohlsein so elegant umschreibt, sich verspätet; vielleicht hat sie es verdrängt. Ihre Mutter Hedwig, immerhin die engste Vertraute, hat sie bei deren Besuch im August jedenfalls nicht eingeweiht. In Frau Pringsheims Tagebucheinträgen über den Besuch am Tegernsee findet sich kein Wort dazu.

Aber irgendetwas tut sich, und Thomas ist im Bilde über Katias »rätselhaftes Befinden«. Sicher sind sich die Eheleute nicht, dies wäre ja das früheste Stadium einer Schwangerschaft. Wenn es denn eine ist. Möglich wäre es schon, bei all den romantischen Ruderabenden und dem neuerdings so gemütvollen Gatten. Andererseits: Ganz eindeutig sind die Anzeichen nicht. »Geheimnisvoll«, alles sehr geheimnisvoll, findet Thomas.

Und dies ist nicht die einzige Merkwürdigkeit im Familienleben. Die Schwestern Erika und Elisabeth, die eine hilfsbereit und lustig, die andere entzückend, verhalten sich zwar beide durch und durch unkompliziert. Auch deshalb sind die beiden Lieblinge, für den Vater wie die Mutter.

Aber die anderen drei geben Anlass zu leisen Bedenken. Golo etwa hat beschlossen, das Zähneputzen einzustellen. Die Hunde, sagt er sich, täten es ja auch nicht. Und was für ein prachtvolles Gebiss hat der Bauschan! Auch waschen mag sich der Neunjährige nur ungern. Von nun an bis zu seinem zwölften Lebensjahr ist Golo, als Erwachsener gibt er es selbst zu, »bei weitem der Schmutzigste unter den Geschwistern, ein wahrer Struwwelpeter«. Schwindeln tut er auch immer öfter. Beides wird sich versenden, obwohl die Eltern einen pädagogischen Fehler begehen: Sie nehmen die Auffälligkeiten des stillen Jungen nicht nur sehr ernst, sondern thematisieren sie.

Auch das Verhalten der kleinen Monika wirkt bisweilen sonderbar. Da sich ihre Eltern so stark auf das neue Baby fokussieren, will sie dauernd dabei sein, wenn es ums Wickeln, Füttern und In-den-Schlaf-Bringen geht. Auf keinen Fall darf sie ihre Mutter ganz an Elisabeth verlieren, denn »die Moni« liebt ihr Mielein sehr. Auf deren Schoß zu sitzen, morgens zu ihr ins warme Bett zu schlüpfen, das ist ihr größtes Glück und findet seit Ankunft des Kindchens seltener statt. Ihre Verlustängste kompensiert Monika mit klettenhafter Anhänglichkeit, aber auch mit überraschendem Rückzug. Es fällt auf, wenn sie mutterseelenallein auf der Wiese sitzt, um stundenlang wuselnde Ameisen zu beobachten. Seltsam sieht das aus der Ferne aus: ein Mädchen, das auf Grashalme starrt. Allmählich wächst sie in die Rolle des Sonderlings hinein, die ihr die Familie bald zuweist.

Und schließlich die Aktivitäten von Klaus, der bald zwölf Jahre alt wird. Er ergeht sich in mysteriösen nächtlichen Eskapaden. Oder wie soll man benennen, wobei er da erwischt wird, als die Eltern spätabends im Kinderzimmer der Villa Defregger das Licht löschen wollen? In einer Tegernseer Sommernacht ereignet sich das erste Mal eine peinliche Situation, die sich in wenigen Wochen in München wiederholen wird: »Es zeigte sich, dass Eissi bei beleuchtetem Zimmer und phantastisch entblößt in seinem Bette lag. Er wusste auf Fragen keine Antwort zu geben. Pubertätsspiele oder Neigung zu schlafwandlerischen Handlungen (...)? Vielleicht beides in einem.«

Der erwachsene Klaus erinnert sich später präzise, was ihn damals vor dem Einschlafen beschäftigt. Er beschreibt es in seinem autobiografischen Jugendbericht »Kind dieser Zeit«: »Die erste Wollust, die ich erfuhr (...) kam mir aus gewissen Träumen vorm Einschlafen, bei denen ich mir vorstellte, daß ein Junge etwa meines Alters von Räubern oder von einem schrecklichen Lehrer gefesselt und vor meinen Augen mißhandelt werde, bis ich mich aus dem

Hinterhalt rettend nahte, den Gemarterten zu befreien.« Höhepunkt des Traums: »Die schluchzende Dankbarkeit, mit der der Blutende mir in die Arme sank, machte, daß mein Herz in süßen und gerührten Schauern sich krampfte.«

Pubertäre Selbsterkundung also. So weit, so normal. Aber für den Vater ist es eine bedeutungsvolle Szene, die ihm einen Schrecken einjagt. Und die bei ihm sofort eine düstere Gedankenkette in Gang setzt.

»Wie wird das Leben des Jungen sich gestalten?«, fragt er sich. »Jemand wie ich ›sollte‹ selbstverständlich keine Kinder in die Welt setzen. Aber dies Sollte verdient seine Anführungsstriche. Was lebt, will nicht nur sich selbst, weil es lebt, sondern *hat* auch sich selbst gewollt, *denn* es lebt.«

Eine äußerst kompliziert konstruierte Überlegung. Aber es geht ja auch um ein hochdiffiziles Thema: Thomas Mann und den Eros.

Aus Manns Zeilen spricht vordergründig Unsicherheit über seine Vaterrolle und auch Respekt. Wer auf der Welt ist, so implizieren die Zeilen doch, hat Recht auf seine Individualität, wem immer sie missfallen möge.

Was aber zudem herauszulesen ist, ist eine Ahnung und eine Sorge. Wird etwa auch für den frühreifen Klaus die Lust zur Qual und Gefahr werden? Das wünscht ihm sein Vater ganz bestimmt nicht.

»Jemand wie er« schlägt sich schließlich dauernd, und bis ins hohe Alter, mit der Geschlechtlichkeit herum. »Wie ich sie hasse«, flucht er als junger, lediger Mann. Sie passt so gar nicht zum Selbstbild als kontrollierter Intellektueller, der über primitiven Trieben schwebt. Nichts hilft dem jungen Tommy, davon loszukommen, Reisessen nicht und keine kalten Duschen, wenn auch zuzugeben ist: »Letzteres thut mir sehr gut.« Am Ende läuft es auf schmerzliche Askese hinaus. Und auf Scham. Denn was er begehrt, ist verboten: junge, hübsche Männer.

All das will der Vater Klaus wohl ersparen. Er erkennt in ihm ja einen »schönen, besonderen Knaben«, und auf dem Besonderen liegt die Betonung. Wenn er seinen Sohn so betrachtet, muss er viel von sich selbst erkennen.

Klaus ist ein poetisches Kind – wie der kleine Paul Thomas es war, sein Vater. Klaus schreibt Romanzen in blaue Schulhefte und spaziert als Multimillionär »Herr Steinrück« durch eine Theaterwelt im Garten, den er sich als Luxusdampfer vorstellt – sein Herr Papa verbrachte als Kind in Lübeck ganze Tage in einer Traumwelt, in der er als Prinz regierte, sich in Märchen verlor oder im Puppentheater sein Refugium erschuf. Demnächst führt Klaus ein Tagebuch, wie sein Vater. Er ersinnt darin, hier allerdings mutiger als der Vater, so »kindisch raffinierte Orgien des Geschlechts«, dass seine Mutter Katia, die neugierige Leserin, fast in Ohnmacht fällt. Und nun erlebt Klaus die ersten Hormonstürme. Für seinen Vater eine bittersüße Erinnerung.

Er weiß aus leidvoller Erfahrung: Solche fantasievollen Knaben entwickeln womöglich Interesse an blonden oder kirgisenäugigen Freunden, wie es dem jungen Thomas geschehen ist. Sie gestehen einem Jungen ihre Liebe und erhalten eine Abfuhr, wie er. Schreiben als Jugendliche schwärmerische Gedichte, nicht etwa über Mädchen, und ziehen damit Spott auf sich. Genauso hat Thomas es erlebt.

Dessen Bruder Heinrich höhnte damals, die Gedichte des Teenagers Thomas erinnerten ihn aufs Peinlichste an den homosexuellen Dichter August von Platen, den »Ritter vom heiligen Arsch«, so »weichliche, süßlich-sentimentale ›Freundschafts‹-Lyrelei« sei das mit diesem »als an deiner Brust ich ruhte« und, schlimmer noch, »als um den Freund den Arm ich schlang«. Schöne Grüße an Tommy, schrieb Heinrich damals an einen gemeinsamen Freund der beiden, »'ne tüchtige Schlafkur mit einen leidenschaftlichen, noch nicht allzu angefressenen Mädel, das wird ihn kurieren«.

Das mit dem Auskurieren klappt dann nicht hundertprozentig. Thomas hat das homoerotische Sehnen in ihm zwar nie ausgelebt. Er liebt später eine

Frau, gibt sich eine bürgerliche Verfassung und gründet eine Familie. Aber während der Ehe laboriert er an der »Verwirrung und Unzuverlässigkeit« seines Geschlechtslebens und rätselt heimlich, theoretisch ist er ja recht kühn, was denn wäre, »falls ein Junge ›vorläge‹«. Und nun, mit 43 Jahren, als Vater von fünf Kindern, fragt er sich, ob jemand mit seiner Veranlagung wirklich Kinder in eine Welt setzen durfte, in der zu viel männliche Sensibilität verdächtig und Homosexualität strafbar ist.

»Wie wird das Leben des Jungen sich gestalten?«

Wie hat es sich denn bei ihm gestaltet? Den jungen Thomas hat die Gewissheit, sein Begehren verleugnen zu müssen, bis ins Erwachsenenalter nicht verlassen. Seine Schüchternheit hat er mit Strenge ummäntelt und sich eine förmliche Persona für die Öffentlichkeit zugelegt, die auf Abstand hält und Schutz bedeutet. Der Ruhm hat diesen Schutz verstärkt und die Fallhöhe gleichzeitig erhöht. Er bekämpft und verdrängt, und die Angst vor der unterdrückten Leidenschaft ist die Fessel seines Lebens. Niemand darf von seinem Geheimnis erfahren. Nur in den Tagebüchern darf er davon sprechen. Und in seinen Büchern. Seine Novellenfigur »Tonio Kröger« lässt Thomas Mann einmal sagen: Wer zu viel fühle, und er meint auch, anders als die anderen, sei »eines vollständigen Fiaskos sicher«.

Dann kam die Märchenbraut. Und machte das Märchen wahr: Sie schenkte dem Schriftsteller eine erlaubte Liebe im wahren Leben.

Und so oft sich in Thomas Manns Tagebüchern noch sein Entzücken über »hermesartige junge Elegants«, provozierend süffisante Knaben und hübsche Kellner niederschlägt, die er aus der Ferne anschwärmt – genauso hinreißend findet er seine dunkle, apart anmutende Katia mit den *»elfenbeinernen Schultern / Welche kindlich gebildet und anders als die unserer Frauen, / Schultern von Flötenspielerinnen, Schultern des Niltals«,* so exotisch, so schmal, so süß. Derart sinnlich wird er sie demnächst in seinem »Gesang vom Kindchen« malen, dass Katia Einspruch erhebt gegen diese zärtliche, aber allzu intime Huldigung. So nackt will sie nun doch nicht auftauchen in seinen Büchern. Aber ihre androgyne Weiblichkeit gefällt ihm eben sehr gut, während er »fette Weiber« nicht leiden kann. Eine Geschmackssache. Er jedenfalls findet: »Hübsche Menschen sind eine Freude, ob männlich oder weiblich.«

Wer sagt eigentlich, dass Begehren eindeutig sein müsse? Und jede Beziehung den allgemeinen Verständlichkeitstest bestehen muss? »So viele Herzen, so viele Arten der Liebe«, schreibt der russische Schriftsteller Leo Tolstoi, Hausheiliger in der Mann'schen Bibliothek. Nach dieser Devise scheinen

Katia und Thomas recht glücklich miteinander zu sein, denn ihre wichtigste Entscheidung ist die füreinander.

Was wäre gewesen, wenn …? »Undenkbar!« wird der 76-jährige Thomas Mann im intimen Tagebuch notieren. »Selbst mit dem Apollo von Belvedere hätte ich nie zu Bett gehen mögen.« Seine homoerotischen Fantasien will der bisexuelle, scheue Künstler lieber ästhetisch sublimieren und in Literatur verwandeln. Vielleicht besteht darin schon ihr wahrer Reiz, wer weiß.

Und da er es nicht weiß, bleibt diese Sehnsucht, »eine ewige Spannung ohne Lösung«, das stille Drama des Entsagens, von dem er dann in seinem Werk erzählen kann. »Die geheimen und fast lautlosen Abenteuer des Lebens«, denkt Thomas Mann, sind die größten. Für ihn jedenfalls.

Katia fühlt sich von den Träumen ihres Gatten kein bisschen bedroht. Die Wirklichkeit bietet ihr keinen Grund dazu. Geradezu verschmitzt schreibt sie ihrem Mann einmal aus der Kur, wie pikiert der Arzt auf die Information des Kinderreichtums seiner Patientin aus besten Kreisen reagiert habe. Das habe den Guten anscheinend überrascht, »man findet es wohl mehr in den unteren Schichten«. Entspannt und zärtlich wirkt sie in ihren Briefen an Thomas, der mal ihr »Liebster« ist, mal »Liebster Reh«, mal »Du mein Pilzlein«. Bei jeder ihrer Reisen freut sie sich auf das Wiedersehen: »Sei sehr umarmt, bist und bleibst doch meine Basis.« Gezeichnet: die »Häsin«.

Nein, dieses gemeinsame Leben ist kein verlogener Fassadenbau. Gewachsen ist eine temperamentvolle, oft lustige Familie mit Sinn für individuelle Kuriositäten (natürlich auch mit Spott dafür, wie fad würde ihnen sonst die Konversation).

Zur Mann'schen Unkonventionalität gehört, dass ihr Familienoberhaupt eben überhaupt nicht ins eng geschneiderte klassische Männerbild des frühen 20. Jahrhunderts passt. Im Herzen ist Thomas ein moderner Mann mit seinen Ambivalenzen: fürsorglich und narzisstisch, nachdenklich und hyperempfindlich, erotisch fluide und dennoch treu. Für ein Familienleben hat all das Vorzüge.

Er ist ein progressiver Vater, der mit dem Kindchen im Sandkasten hockt und mit den Großen aufs Münchener Oktoberfest geht. Stimmt, wenn sie vor dem Arbeitszimmer lärmen, gibt es Ärger, aber wer sich zu Hause nie von Kindergeschrei gestört fühlte, während er sich auf eine Tätigkeit konzentrieren wollte, der werfe den ersten Stein. Im Fasching lässt Thomas sich gutmütig als »Zauberer« verkleiden und hat gleich seinen mehrdeutigen Spitznamen weg: Er zaubert ja auch mit seinen Worten. Ganz Künstler, kann er eine patriarchalische Aura von Strenge, Zucht und Ordnung nur heucheln, weil sie ihm egal bis zuwider ist, und erlaubt damit allen Mitgliedern seines Clans maximale Entfaltung. In Haushaltsfragen mischt er sich sowieso nicht ein und lässt seiner Frau auch sonst völlige Freiheit, so wie er Gedankenfreiheit genießt. Und wenn ihm (gar nicht mal so selten) die Tränen kommen – beim Schreiben einer liebevollen Widmung für Katia, oder weil er wie sie fürchtet, den kleinen Klaus bei dessen Blinddarmkomplikation zu verlieren, oder weil ihn eine Szene in seiner literarischen Arbeit so ergreift –, da schämt er sich nicht seiner Gefühle.

Auch recht fortschrittlich: Über Missstimmungen zwischen den Eheleuten wird offen gesprochen. Einmal, während ihres Sanatoriumsaufenthalts im Jahre 1920, wird Katia sich bitterlich beklagen. Es enttäuscht sie, dass Thomas über ihre Briefe allzu flüchtig hinweggeht, als ob sich seine Gedanken, nachdem es ihr ja wohl gut gehe, nicht besonders viel mit ihr beschäftigten. Ihr fehlt ein emotionales Echo. Das ist es schließlich, wofür sie ihr Leben ganz ihm und den Kindern widmet. Vielleicht, schreibt sie ihm, sei diese Selbstaufgabe doch nicht richtig gewesen. Seine Antwort, ausführlich und blitzschnell, versöhnt sie augenblicklich: »Hast Du so lange und treu geschrieben, Du Guter!«

Der Rest ist Alltagszank, von Thomas buchhalterisch im Tagebuch festgehalten. »Verdruß mit K.«

gibt es wegen seines unmäßigen Butterverbrauchs (»Überflüssig und zu bereuen«) oder, weil er Glut aus dem Dielenofen, die auf den Teppich, ausgerechnet, gefallen ist, austritt, statt die glühende Kohle rasch aufzusammeln: »Es fragt sich, ob der Brandfleck nicht auch ohne das Zertreten entstanden wäre. Verstimmung.« Derlei sind die Ursachen für Auseinandersetzungen, nicht etwa Misstrauen, Entfremdung oder Unsagbareres.

Trotzdem: eine seltsame Sache, der Bund zweier Menschen. Im Tagebuch Thomas Manns ist ja selbst »eine ›ideale Ehe‹ ...« mit Anführungszeichen und drei vielsagenden Pünktchen versehen. Er sieht sie, nicht ohne Ironie, als »unverbrüchliche Zusammensperrung zweier Menschen fürs Leben«, die, mit Ehrlichkeit betrachtet, »nur bei altväterlicher Einfalt des Gemüts, der Sinne, der Nerven« möglich sei. »Getrennte Schlafzimmer und auseinandergehende Interessenbetätigung« seien zu empfehlen, und doch werde man oft genug peinlich berührter Zeuge, wenn bei anderen ehelich Zusammengesperrten »das Beben namenloser Ungeduld« in den Stimmen, »selbst in Gesellschaft«, eine in langen Jahren angeschwollene Reizbarkeit verrät. Wenn Thomas nur an das »trostlose Ehe-Elend« seiner Schwester Lula denkt! »Dergleichen«, schaudert ihn, »wird durch keine soziale Beglückung aus der Welt geschafft.«

Nein, so ergeht es ihm und Katia nicht, welch ein Glück.

Sie haben ja sogar »ihr« Lied. Es ist das Schlussduett der Oper »Aida« von Giuseppe Verdi, gesungen von den Liebenden Radames und Aida in ihrem Kellergrab, ein Lied der Gemeinschaft im Angesicht des Todes. So voll ist es von Liebe und, wichtiger noch, Trost, dass dieses Stück für ihn »die siegende Idealität der Musik, der Kunst, des menschlichen Gemüts« über alles Dunkel bedeutet. Aus diesem Grund ist es für Katia einfach »unser Duett«.

All das schafft eine gute Grundlage, allem, auch sich selbst gegenüber, mehr Gelassenheit und weniger Strenge walten zu lassen. Und ganz langsam lässt bei Thomas Mann die Angst nach, als Außenseiter und bürgerlicher Hochstapler entlarvt zu werden.

Die »Betrachtungen eines Unpolitischen« hat er zwar genutzt, um soldatischen Mut, moralische Festigkeit und Männerzusammenhalt zu feiern und um sich selbst als Kämpfer am Schreibtisch zu inszenieren. Aber ganz so unverdächtig kommen manchem diese Huldigungen nicht vor, zumal Thomas in sein Bekenntnisbuch auch noch ein vielsagendes Zitat eingebaut hat. »Es kenne mich die Welt, auf dass sie mir verzeihe!« lautet es, und es stammt ausgerechnet von August von Platen, dessen Lebensgeheimnis die Homosexualität war. Es wirkt wie ein trotziger

Gruß retour an den Bruder Heinrich, der seinen Bruder Tommy einst demütigen wollte, indem er ihn mit dem schwulen Dichter verglich.

Manche Kritiker werden die »Betrachtungen« sehr misstrauisch untersuchen und nicht nur wegen der politischen Haltung ihres Verfassers. Als Thomas Mann im Herbst 1918 im Feuilleton einen Verriss mit dem frechen Titel »Männlicher Brief« liest, in dem ihm »Eitelkeit, Ehrgeiz und Lüsternheit« um die Ohren geschlagen werden, vermeintliche Untugenden eines banalen »Weibes« also, das sich zu viel mit sich selbst beschäftigt, bekommt er im Tagebuch einen Wutanfall. Auch darüber, dass er sich überhaupt getroffen fühlt. Er hatte sich schon für gefestigter gehalten. Doch der Artikel wirft eine Frage auf, die ihn ja selbst umtreibt: Ein richtiger Mann, was soll das überhaupt sein?

Und dann findet er, ganz für sich, eine ziemlich befriedigende Antwort. Dieser kleingeistige Kritiker, sagt er sich, unterschätze »meine Freiheit und ›Männlichkeit‹, wenn diese auch künstlerisch, d. h. subjektiv bestimmt ist.« Als ob es unmännlich wäre, sich als Schriftsteller mit sich selbst zu beschäftigen! Findet er, Thomas, überhaupt nicht. Im Gegenteil: Es sei doch ausgesprochen souverän, das persönliche Denken, Fühlen und Zweifeln als Kunstwerk zu analysieren und damit zu objektivieren. Genau so mache man sich zum geistigen Herrn seines Schicksals: »Es liegt darin sogar ein gewisser Wille zum Abenteuer, u. ist nicht der Abenteurer etwas sehr männliches? Ihm ist jedes Schicksal im Grunde recht, wenn es nur eines ist.«

Seine Selbsterforschung als Mann wird noch einige Zeit in Anspruch nehmen. Sich selbst ein Rätsel sein zu dürfen, seine widersprüchlichen Sehnsüchte und Ängste zu akzeptieren: eine zeitlose Herausforderung, und hier findet sie im Rahmen starrer Geschlechternormen und natürlich ohne therapeutische Unterstützung statt.

Aber Thomas weiß Katia an seiner Seite. Sie akzeptiert das Komplizierte seines Wesens als Zwilling des Genialischen. Geniale Persönlichkeiten können keine einfachen Menschen sein, glaubt sie. Ihrer erwachsenen Tochter Elisabeth wird sie diese Einsicht mitgeben.

Im Roman »Königliche Hoheit«, in dem Thomas 1909 die Brautzeit und sogar seine Liebesbriefe literarisch verwertete, hat er Katias Großmut in einer Schlüsselszene verewigt. Die selbstbewusste Imma Spoelmann, eine Milliardärstochter, küsst da die verkrüppelte Hand des Prinzen, die dieser stets versteckt. Sie liebt ihn trotz seines vermeintlichen Makels, für den er sich so schämt. Es ist ein Wunder.

Das Glück einer Komplizin auf Augenhöhe ist Thomas Mann vollkommen bewusst: »Und wenn sie stürbe, würde ich vergehen vor Traurigkeit, was sie übrigens weiß und aussprach.«

Sie wird nicht gleich sterben, nur weil ihr in den letzten Ferienwochen etwas flau ist. Bald rücken auch Klaus' nächtliche Eskapaden in der Villa Defregger in den Hintergrund, und andere Aufregungen lösen sie ab. Die Geschwister halten Golo fest, um den Armen durchzukitzeln, oder sie streiten, wobei Golo seinen großen Bruder, wahrscheinlich hinter dem Rücken der Eltern, ein »verkotztes Sauvieh« nennt. Und Klaus japst und kämpft schon wieder beim Plantschen im Ringsee, denn er kann immer noch nicht richtig schwimmen, obwohl er nun wirklich wochenlang Zeit zum Üben hatte.

In gar nicht so weiter Zukunft liegt eine Zeit, in der Klaus tatsächlich offen und bekennend schwul leben wird. Die Ahnungen des Vaters haben nicht getrogen. Thomas, der zu dieser Freiheit den Mut nie gefunden hat, wird darauf mit größter Toleranz reagieren. Klaus' Freunde und auch die weiblichen Liebschaften seiner Schwester Erika sitzen dann ganz selbstverständlich am Mittagstisch der Manns. Thomas und auch Katia werden als so lässig gelten, dass es heißen wird: Sollte es Erika einfallen, einmal eine Eule mitzubringen, werde höchstens ein Gedeck mehr aufgelegt. Auch die ersten literarischen Gehversuche von

Klaus, in denen es um erotische Selbstfindung geht, wird der berühmte Vater gelassen begleiten: »Ich bin doch kein Stiftsfräulein.« Den Moralapostel spielen? Das wäre ja lächerlich.

Sehnsucht, sie wird auch ein zentraler Begriff im Fühlen des Sohnes werden. Klaus findet dafür Worte, die die Zartheit und Heftigkeit dieses Gefühls zu fassen kriegen: Es ist dieses »süße Sichzusammenziehen des Herzens«, das sie ausmacht und dem nicht jeder widerstehen kann, er zumindest auf keinen Fall. »Sehnsucht« wird während des Erwachsenwerdens »eine ungeheure und unbarmherzige Gewalt«, die Klaus »demütigt und segnet und wieder verflucht, tausendmal jeden Tag«.

Wer könnte dies besser verstehen als sein Vater. Und als Klaus, sein so schöner, besonderer Sohn, in die Welt aufbrechen wird, um Kultur- und Nachtleben, Drogen und sexuelle Abenteuer zu erleben, da wird Thomas am Fenster des Elternhauses stehen und ihm nachsehen. Klaus wird nicht vergessen, wie er ihm nachwinkt, »mit einem müden und ernsten Lächeln. ›Viel Glück, mein Sohn!‹ sagte der Vater, mit halb scherzhafter Feierlichkeit. ›Und komm heim, wenn du elend bist!‹«

Der Zauberberg ruft

Einmal was Verrücktes tun! In diesen Ferien ist Thomas Mann bereit dazu. Es ist ein verwegenes Unternehmen, das er plant, ein schweißtreibendes sogar, und eine neue Erfahrung, die ohne Wille zum Abenteuer niemals denkbar wäre. Er ist sehr stolz auf sich.

In diesem seltsamen Sommer, der ihm so viele neue Eindrücke beschert, genießt er nicht nur das Wasser, das ihnen »in Tölz so gänzlich fehlte, das Rudern, den Badestrand etc. beinahe so sehr wie die Kinder«. Nein, in diesen Wochen steht er, »komisch zu sagen«, wundert er sich selbst, »zum ersten Mal in meinem Leben auf dem Gipfel eines höheren Berges, dem Hirschberg, 1670 m, mit kolossalem Fernblick bei Sonnenaufgang in die tiefsten Alpen«.

Thomas Mann mit Wanderstock, Rucksack auf dem Rücken und womöglich einem um den Hals geknoteten, karierten Tuch? Ja, eine verrückte Vorstellung. Aber irgendwann will er schließlich an seinem Roman »Der Zauberberg« weiterschreiben, dessen Anfänge daheim im Münchener Arbeitszimmer liegen, da kann er auch mal eine Bergtour unternehmen. Obwohl er, der Lübecker Junge, der seine Kindheitsferien an der Ostsee verbrachte, doch das Meer so innig liebt und die Berge eben »nicht sehr«.

Die See, glaubte er immer, sei etwas für melancholische Träumer mit Untergangstendenzen: »Laß fahren dahin!« Für das Gebirge hingegen brauche es »sichere, trotzige, glückliche Augen, die voll sind von Unternehmungslust, Festigkeit und Lebensmut«, um damit zu »schweifen von Gipfel zu Gipfel«. Wer diesen Mut nicht mitbringe, werde sich in alpiner Höhe fürchten oder gleich als Versager fühlen. In den »Buddenbrooks« hat er die Unterscheidung der Ausflugsziele nach persönlicher Lebenskraft auf den Punkt gebracht: Der Erschöpfte ergibt sich am rauschenden Meer, der Gesunde bezwingt den Berg. Und nun also will Thomas Mann, geschwächt von Krieg und Krise, einen Beinahe-Zweitausender erklimmen. Man staunt, und am allermeisten er selbst.

Der Plan sieht so aus: Katia und Thomas lassen die Kinder in der Villa Defregger in der Obhut der Köchin und des Kinderfräuleins zurück, während sie selbst zum Hirschberghaus, einer Schutzhütte unterhalb des Gipfels, aufsteigen. Dort wollen sie übernachten und am nächsten Morgen in aller Frühe die restlichen dreißig Minuten zum Gipfelkreuz des Hirschbergs klettern, um dort oben den Sonnenaufgang zu erwarten.

Was wäre dies für ein schöner Weg auch für Bauschan, voller Gebüsche, in denen es paradiesisch nach Murmeltier und Hase duftet! Aber Bauschan hat diesmal Pech gehabt. Am Berg gibt es hier und da ausgesetzte Stellen am Abgrund, die einem galoppierenden Hund gefährlich werden könnten, und gerade im Gipfelbereich sind Trittsicherheit und Überlegtheit Pflicht. Ob der Rückruf funktioniert, ist auch mehr als fraglich. Das Tier muss am Ringsee bleiben, wie die Kinder.

Über das genaue Datum der Bergtour herrscht keine Gewissheit. Es ist stark anzunehmen, dass sie im September stattgefunden hat, schon nach dem Ausschlussprinzip: Im Juli sind die Manns gerade erst in der Villa Defregger eingetroffen und haben sich eingerichtet. Anschließend pochte der Zahnschmerz mehrere Wochen lang, körperliche Anstrengung verbot sich für Thomas Mann. Im August dann das Besuchskarussell von Pringsheims, Ernst Bertram und den Hallgartens. Dazu die unberechenbaren

Hitzegewitter, die jeden Wanderer in ungeschützter Höhe einem Risiko ausgesetzt hätten.

Jetzt aber, Anfang September, ist der rechte Zeitpunkt. Der Altweibersommer bringt stabiles, schönes Wetter mit geringer Gewitterneigung und ist traditionell Wanderzeit in Bayern. Besuche finden keine statt. Und Katias Beschwerden sind erst flüchtige Vorboten ihres geheimnisvollen Zustands, die sich noch aushalten lassen.

Der Hirschberg zählt zu den beliebtesten unter den Münchener Hausbergen. Genau 1668 Meter ist er hoch mit prachtvollem Ausblick über Tegernsee und Mangfallgebirge. Auch der Hirschberg selbst ist schön anzusehen mit seiner schwungvollen Linie zwischen Vorgipfel und der eigentlichen Spitze, einer gerade verlaufenden Wegstrecke, auf der man noch mal Anlauf nimmt für den letzten Aufstieg zum Gipfelkreuz. Das markante Profil dieses Berges ist von der Bahnfahrt aus München zu erkennen, es liegt vor einem auf dem Weg von Gmund nach Süden, und wer vom östlichen Seeufer nach Westen blickt, sieht es ebenfalls vor sich. Der Illustrator Olaf Gulbransson auf seinem Schererhof hat die unverwechselbare Ansicht gern und immer wieder gezeichnet. Der Berg ist ein Original, wie er.

Weshalb Katia und Thomas den Hirschberg als Ziel wählen, liegt auf der Hand: Er befindet sich in unmittelbarer Nähe des Tegernsees und lässt sich von der Villa Defregger aus zu Fuß erreichen. Außerdem eignet sich der Aufstieg auch für Amateure und gilt als nur mittelschwer.

Unterschätzen darf man die Tour aber nicht. Der Hirschberg ist ein »Hatscher«, also mühsamer als gedacht, vor allem, wenn man von Kreuth aus startet und zunächst fünfzig Minuten lang einen steilen Stieg erklimmen muss. Diese anstrengende Route wählen die Manns nicht: Ihr Ausgangspunkt ist Wiessee. Von hier aus beginnt die Tour gemütlicher, aber zweieinhalb Stunden sind es doch von unten bis zum Ziel, und wer drei benötigt, braucht sich nicht zu schämen.

Den ersten Teil des Weges kennt Katia bereits. Er führt von Abwinkl ins Söllbachtal oberhalb des Ortes Wiessee, entlang eines munter im Kiesbett rumpelnden, niedrigen Baches, aus dem man klares Wasser trinken kann. Immer dem Wiesenpfad nach erreicht man zunächst die bewirtschaftete Alm »Bauer in der Au«, ein beliebtes Ausflugsziel. Diesen einstündigen Spaziergang ist Katia mit ihren vier größeren Kindern und Hedwig Pringsheim schon einige Tage zuvor gelaufen, bei »durchaus himmlischem Wetter« und überhaupt »sehr lustig u. vergnügt«, wie die Großmutter sich freute. Die Tochter und die Enkel ganz für sich zu haben, herrlich. Der Schwiegersohn war ja verhindert, mit »Bauchmigräne«.

Vom »Bauer in der Au« führt der Weg durch einen schattigen Wald, in dem es Anfang September schon nach Pilzen und Herbst zu riechen scheint. Es ist ein Wald der Stille mit lichtgesprenkelten Moosflecken, nur das Klopfen eines Spechts durchbricht die Ruhe. Auf dem Boden liegen die ersten Bucheckern. In Zeiten der Not, sagen die Ratgeber im Ersten Weltkrieg, kann man die reifen Baumfrüchte zu Speiseöl pressen wie Oliven.

Der Weg verlässt den Wald, wird schmal und führt dann mit vielen Kehren den Berg hinauf. Steine und Felstritte bilden natürliche Stufen, am Wegesrand kratzen die Disteln, und an Büschen leuchten rote Beeren. Wimmelnde Ameisenhaufen, niedrige Latschen. Das ätherische Öl der Latschenkiefer fördert die Durchblutung und hilft bei Rheuma und Atemwegskatarrhen. Wer als Bergsteiger in den bayerischen Alpen unterwegs ist, dem prägt sich ihr Geruch nach sonnenerwärmter Harzigkeit ein als unverwechselbares Spätsommerparfum der Berge, während er tief durchatmet, Schritt um Schritt aufwärtssteigt, Serpentine um Serpentine, die Hände auf Brusthöhe um beide Gurte des Rucksacks gelegt – und sich fragt, wann denn endlich die Hütte in Sicht kommt.

Um die zähe Katia, schon als Kind bergerprobt durch Aufenthalte am Tegernsee mit Eltern und Geschwistern, muss man sich bei diesem Aufstieg wohl keine Sorgen machen. Wer aus einer Familie stammt, die in den Ferien mit dem Fahrrad die Schweiz erkundet, Norwegen von der Ost- bis zur Westküste durchquert und die Strecke von Bozen nach Nizza bewältigt hat, scheut sich nicht vor einem Münchener Hausberg, auch wenn die Strecke zur Schutzhütte zuletzt etwas lang wird.

(Ob Katia wohl Hosen trägt bei ihrer Wanderung auf den Hirschberg? Schwer vorstellbar. Sie ist die Schöne im bestickten Leinenkleid, das, geschürzt, auch eine Bergtour mitmacht. Ihre Mutter Hedwig Pringsheim hingegen trug auf ihren Touren mit dem Rad, so viel Bewegungsfreiheit gestattete auch das Kaiserreich den Frauen beim Sport, funktionale Knickerbocker und vermerkte geschmeichelt Zurufe über ihre Unterschenkel. Auch in München hieß es oft: »Gelt, Spezi, das san a paar Waderln!«, einmal allerdings auch: »Steig ab, du Sau.« Progressive Frauen, ob im Straßenverkehr oder anderswo: nicht überall gern gesehen.)

Katias Mann Thomas dürfte die Wanderung ebenfalls gut bewältigen. »Ein Sportsmann war ich nie«, räumt er ein, aber physisch ist er gut in Form. Wie in allen anderen Lebensfragen beweist er auch beim

Essen und Trinken Disziplin und bleibt zeitlebens schlank. Gut, er raucht. Dafür war er früher ein großer Radler, bewegt sich nun regelmäßig bei Spaziergängen und in der Sommerfrische am See zudem beim täglichen Rudern. Anders als das kultivierte Spazieren erfordert Rudern temperamentvollen körperlichen Einsatz, den Mann tatsächlich genießt. Bei sommerlicher Wärme verschafft er sich gern Bewegungsfreiheit, indem er auf Jackett und Weste verzichtet. Außerdem legt er die Hosenträger ab, sodass er, wenn er nun die Ruder durchzieht, nur noch sein Hemd am Oberkörper trägt, dieser »dem Luftzuge frei, was ein sehr angenehmes Gefühl ist«, wie er findet: »Für den Kulturmenschen grenzt Natürlichkeit nahe an Wollust.«

Auch der Aufstieg über Felswege erfüllt den Wanderer mit Anstrengungsglück. Jeder schwere Schritt bedeutet ein Stück Selbstbezwingung. Es dauert, bis die Füße den rechten Trott finden, das Ausschreiten sein Gleichmaß und der Atem seine Regelmäßigkeit. Wer zu zweit wandert, stellt irgendwann das Reden ein. Am Berg ist jeder allein. Man besinnt sich auf sich selbst. Jeder geht für sich, hängt seinen eigenen Gedanken nach. Nicht zu eng beieinander, folgen beide demselben Weg.

Thomas Mann beeindruckt diese Wanderung sehr. Es ist zwar nicht das erste Mal, dass er die Berge von

Nahem erlebt: Im Frühling 1912 hatte er seine Frau im Davoser Waldsanatorium im Schweizer Hochgebirge besucht, wo sie sich bei Liegekuren und nahrhaften Mahlzeiten erholen sollte. Die offizielle Diagnose: Lungenspitzenkatarrh. In den Augen einer weiteren Besucherin, ihrer Mutter Hedwig, ein riesiger Schwindel, wie das ganze Davoser Sanatoriumskonzept: »one Tommy, one die 4 Bamsen und one dies abscheuliche Dienstbotengezücht« wäre Katia schnell wieder bei Kräften, glaubt sie. Lustig fand sie die Pneumo-Thorax-pfeifenden Fräulein und weisen Medizinmänner allemal, wahrlich Stoff für einen Roman. Tatsächlich war es die Parallelwelt von Tuberkulosekranken und Weltverweigerern, die Thomas bei seinem Besuch in Davos zum »Zauberberg« inspiriert hat.

Er kennt das Hochgebirge also. Aber einen Berg selbst zu ersteigen, wie er es jetzt tut, das ist eben etwas anderes, als ihn zu betrachten. Deshalb ist der Hirschberg gewissermaßen sein erster Gipfel.

Unten im Tal, drüben in München herrschen jetzt, wie bei seiner Schwiegermutter Hedwig Pringsheim, »verzweifelte Stimmung u. tiefe Depression infolge der missglückten Offensive, unsres dauernden Zurückweichens u. der gesammten hoffnungslosen politischen Lage«. Militärisch ist es aus. Ausharren bis zur Kapitulation, das ist alles, was den Deutschen noch bleibt.

Hier oben aber herrscht der Friede der Bergwelt. In der Unerschütterlichkeit der Wälder und Felsen und Ausblicke rücken der Krieg, die deutsche Niederlage, auch die Angst vor der Zukunft in weite Ferne: »Man glaubt, die Welt ist voll Ruhe und Herrlichkeit.«

Von Adalbert Stifter stammt dieser Satz. An ihn, seine neueste Entdeckung und fast einzige Lektüre dieser Wochen, denkt Thomas Mann bei seinem Aufstieg. Modern findet er Stifter ja nicht, aber kommt es darauf an in der Literatur? Auf seiner Hirschberg-Wanderung darf sich Mann fühlen wie in Stifters Erzählung »Aus dem bayerischen Walde«, die er gerade gelesen hat. Die Naturschilderungen des Alten, hier werden sie lebendig.

Himmelherrgott, ist das schön! Da sind die Wiesenwege mit »tausendartigen Waldblumen«. Die Ruhe des Waldes mit seinen edlen Tannen, die sanft im Luftzug schwanken und dabei ein erhabenes, leises Brausen erzeugen; Stifter beschreibt es als ein »Atemholen des Waldes«. Das Sonnenlicht ist »in lauter Tropfen zersplittert, die in unzähligen Funken in dem Gezweige hängen, die Stämme betupfen, ein Wässerchen wie Silber blitzen machen und auf Moossteinen wie grüne Feuer brennen«. Ja, genau so sieht es hier aus.

»Zu allem dem vernimmt man das leise Rauschen

der Bäche, mitunter den Klang einer Herdenglocke von dem Walde herab, oder hoch oben das schwache Wirbeln einer Lerche.« Und wenn dann der Weg aus dem Wald herausführt, der Blick auf die umstehenden Gipfel geht, zwischen denen Wolkenberge lagern, dazu »der feeige Duft und Schmelz der Luft«! So eine Wanderung, sagt Stifter, sei, wenn man all dies auf sich wirken lasse, »nicht bloß gesundheitbringend, sondern auch stillend und seelenberuhigend«.

Nach diesem Gefühl hat Thomas Mann gelechzt. Wenn es sein muss, steigt er dafür auch auf einen Berg.

War dieses Abenteuer eigentlich Katias Idee? Wundern würde es einen nicht, schließlich ist es ihre Vitalität, die für ihren Mann immer neuen Antrieb bedeutet. In diesem krisenhaften Sommer mehr denn je.

Noch eine letzte schweißtreibende Kehre, dann ist die Schutzhütte in Sicht. Das Haus liegt auf einer Anhöhe, von der man das Gipfelkreuz schon sehen kann. Es gibt einfache Kammern zum Übernachten und eine Stube für Brotzeit und Kartenspiel. Im schweren, in Leder gebundenen und mit Kupferornamenten beschlagenen Hüttenbuch fehlt der Name von Herrn und Frau Thomas Mann allerdings. Dort haben sich die Adeligen vergangener Tage verewigt, die sich mit Sänften und Tragtieren hinaufhieven ließen. Bürgerliche werden sich erst nach der Revolution in München 1919 im Gästebuch eintragen. Aber dass das Paar zur feinen Gesellschaft gehört, wird man beiden schon anmerken. Am Berg sind alle per Du, und Thomas Mann verkehrt zeitlebens lieber per Sie. Allzu heikel zeigt er sich im Hirschberghaus aber nicht: Die Schlafräume sind rustikal, eine Klage darüber ist nicht überliefert.

In der Frühdämmerung, gegen sechs Uhr, beginnt die letzte, halbstündige Etappe zum Gipfel. Frisch weht der Morgenwind. Noch einmal hoch über einen felsigen Trampelpfad durch buschige Latschen zum Vorgipfel, den geraden Weg über die Wiesen hinüber zur Spitze des Hirschbergs, dann noch die letzte Anstrengung, um den finalen Hügel mit zwanzig, dreißig Schritten zu bewältigen.

Und da ist es: das Gipfelkreuz, umstanden von Holzbänken. Auf Augenhöhe mit den anderen Gipfeln steht man nun. Ein Meer von Bergen, wenn man sich um die eigene Achse dreht: Da sind der Wallberg, Setzberg, Risserkogel, bis ins Karwendelgebirge und bis zur Zugspitze schaut man, rechts liegen die Blauberge und der runde Wendelstein. Rosig flutet das Licht über die Neureuth am östlichen Ufer des Tegernsees.

Weit unten ruht der längliche See, grün gesäumt

wie ein eingefasstes Juwel. Vom Gipfelkreuz überblickt man fast das ganze Gewässer – bis auf den südlichen Teil. Auch der Ringsee am südwestlichen Zipfel liegt verborgen hinter dem Hang mit dem Hirschberghaus. Die Villa Defregger kann man von hier nicht sehen, aber man weiß sie dort unten am Ufer mit dem Badesteg inmitten der gelben Seerosen. Und im Haus wissen die Eltern ihre fünf Kinder in warmen Betten, geborgen und träumend.

Die Sonne geht auf, es ist halb sieben. Ein neuer Tag beginnt.

Einen Gipfel erreicht man nur mit wenig Gepäck. Man verschafft sich einen Überblick. Einen euphorischen Moment lang steht man über den Dingen.

Das Erlebnis »der Besteigung des Hirschberges, der Nacht im Unterkunftshaus, dem südwindigen Morgen auf dem Gipfel vor und bei Sonnenaufgang« ist der Höhepunkt dieses Sommers für Thomas Mann. Mehrfach wird er es explizit erwähnen. Für ihn bedeutet es eine unvergessliche Erfahrung.

Denn was er da mit Abstand von oben betrachtet, es ist das, was bleibt, große Gereiztheit, Bruderzwist, Sinnkrise hin oder her. Es ist die Herrlichkeit einer Welt, die, davon erzählt Adalbert Stifter ja, Unerschütterlichkeit und unendlichen Trost bedeutet. Der Trost ist es, den auch die Literatur für Lesende bereithält, und Thomas Mann hat sich in diesem

Sommer davon unter die Arme greifen lassen, als er es brauchte.

Unten am See wartet sein »Kindchen« Elisabeth, durch das er erst wirklich begriffen hat, was Väterlichkeit bedeutet, seiner Brieffreundin Ida Boy-Ed hat er es ja gerade gestanden. »Vaterliebe zur neuen Welt« wird er dieses Gefühl später nennen, denn es umfasst mehr als das jüngste Kind. Es vereint eine große Rührung über das Leben und das Gefühl einer Verpflichtung, und es erfasst ihn so eindringlich, als ob er zuvor geträumt hätte.

Sein Herz schlägt stark und weiß warum.

»Denn des Jünglings Sache ist Sehnsucht, aber des Mannes ist die Liebe.« Von dieser Erkenntnis will er erzählen, im »Gesang vom Kindchen«, und gleich nach Abschluss seiner Hundegeschichte in diesem Herbst damit beginnen. Das Hexameter-Gedicht, das zweite Ergebnis seiner Flucht ins Private neben »Herr und Hund«, arbeitet schon in ihm. Es wird die Grenze zum Kitsch streifen, schwant Thomas, womöglich »lächerlich privaten Charakter« bekommen, so aufgeweicht ist er von den letzten Monaten – egal. Sein Gedicht soll eine Hommage werden an »die kleine Gemeinschaft«, die man Familie nennt. Eine Reflexion über Reife und Demut, die mit dem Älterwerden und, natürlich, erst mit einer Lebenskrise kommt: »Dankbarkeit lernen wir dann auch für Liebe, die wir erfahren.«

Denn anscheinend hängen sie an ihm, die Kinder und Katia, und setzen all ihr Vertrauen in ihn, obwohl er so unsicher, eitel, narzisstisch, so unleidig und gedanklich abwesend sein kann. Oft genug wirkt er in seinem turbulenten Haushalt mit Kindern, Hund, Personal wie ein abgekapselter Einzelgänger: »Hat man Tiefe, so ist der Unterschied zwischen Einsamkeit u. Nicht-Einsamkeit nicht groß, nur äußerlich.«

Er braucht den Rückzug ja, unbedingt. Er braucht das einsame Leiden an seinen Sehnsüchten, an der unmöglichen Möglichkeit, ein anderes Leben zu führen, am Sog der Selbstaufgabe, sogar das Leiden an Nöten wie dieser, »daß Nr. 4 aller Unterkleider mir zu klein, Nr. 5 mir zu groß ist«. Seelenqual als kreative Stimulanz ist nun mal ungleich inspirierender als Zufriedenheit.

Aber selbst zur Einsamkeit unterhält er ein ambivalentes Verhältnis. Gefährlich wird sie ihm, wenn sie in die Verlorenheit führt.

»Über Einsamkeit und ›Weib und Kinder‹ wäre manches zu sagen«, schreibt Thomas Mann in seinem Tagebuch, über ihre »Würdigkeit, Ratsamkeit, Zuträglichkeit, ihre inneren Wirkungen«. Und: »Die entscheidende Erwägung und Sicherheit bleibt mir, daß ich mich meiner Natur nach im Bürgerlichen bergen darf, ohne eigentlich zu verbürgerlichen.«

Ein einsamer Künstler im Schutze der Familie, das darf er sein. Und genau das will er sein. Ganz und gar hält er es mit seinem Alter Ego Tonio Kröger: »Man ist als Künstler innerlich immer Abenteurer genug. Äußerlich soll man sich gut anziehen, zum Teufel, und sich benehmen wie ein anständiger Mensch ...«

Wer sein Leben lang ein verführerisches Rauschen in sich hört, braucht Sicherheitsabstand. Und etwas, wofür es sich zu widerstehen lohnt. Der helle Optimismus, der ihn umgibt, ist für Thomas Mann, er muss es zugeben, überlebenswichtig.

Deshalb führt die »Sympathie mit dem Tode«, deren Lied er in den »Betrachtungen eines Unpolitischen« gesungen hat, von jetzt an nicht weiter. Die Verliebtheit in den Untergang bleibt künstlerische Koketterie, dunkles Gedankenspiel, auch schöpferisch womöglich unfruchtbar. Gegen die Liebe zum Leben kann sie nicht bestehen. Denn eigentlich, dämmert es dem Schriftsteller, ist es doch vielmehr so, »daß das Erlebnis des Todes zuletzt ein Erlebnis des Lebens ist, daß es zum Menschen führt«.

Seine »Vaterliebe zur neuen Welt« wird sein Selbstverständnis als Schriftsteller neu entzünden. Er wird von nun an sein Kriegsbuch als »Darstellung eines bewußt erlebten und dabei schon innerlich distanzierten geistigen Schicksals« ein ganzes

Stück von sich wegschieben. Ab dieser Wende in seinem Leben wird Thomas Mann alte Überzeugungen bezwingen und damit sich selbst, gerade wie diesen Hirschberg, von dem aus er mit frischen Augen auf die Welt schaut.

Schemenhaft sieht er die »thematischen Zusammenhänge der zukünftigen Arbeiten« schon vor sich. Worum soll es da gehen? Um den Menschen natürlich, dieses so rührend zerrissene »Sorgenkind des Lebens«. Aber nicht alleine um dessen Hang zum Fatalen, sondern: »plus Lebensja«. Diese Entscheidung fürs »Lebensja« wird er schon bald im »Zauberberg« formulieren, glasklar – und dem Roman damit eine ganz neue Richtung geben.

Was ist das Leben?, lautet die Frage, die er darin eindringlich stellen wird, dreimal hintereinander auf wenigen Seiten. Die Antwort erfährt der junge Hans Castorp in einem wirbelnden Schneesturm, bei dem er einschläft, fast erfriert, und von einem hellseherischen Traum geweckt wird.

Was macht das Leben aus? Es sind die Güte und die Menschenliebe. Die Liebe steht dem Tode entgegen, »nur sie, nicht die Vernunft, ist stärker als er. Nur sie, nicht die Vernunft, gibt gütige Gedanken«. Und die zentrale Erkenntnis dieses Jahrhundertromans, den er bald schreiben kann, weil er innerlich dazu bereit ist, setzt Thomas Mann in kursive Schrift und von allem anderen ab: *»Der Mensch soll um der Güte und Liebe willen dem Tode keine Herrschaft einräumen über seine Gedanken.«*

Und damit wacht Hans Castorp auf: »Mein Herz schlägt stark und weiß warum.«

Wenn das so ist, dann kann der Krieg eben nicht als Lösung in eine gereizte Welt niederfahren, wie Thomas Mann es anfangs beim Entwickeln der Handlung geplant hatte. Ein furchtbarer Irrtum ist er, auf den junge Männer über schlammiges Gelände zustürmen, mit schmutzbespritzten Gesichtern unter verrutschten Helmen und mit Bajonetten in den Händen, und statt dass sie mit ihrer Geliebten am Strande wandeln, treten sie einem toten Kameraden auf die im Dreck versunkene Hand und fürchten sich und singen sich leise ein wehes Lied von Heimat vor, ein so wunderherrliches Lied, wert, dafür zu sterben. Es ist Schuberts Lied vom »Lindenbaum«, das Thomas Mann den armen, atemlos über das Schlachtfeld stolpernden Hans Castorp zuletzt singen lassen wird.

Ja, so wird er es machen. Was für eine Schlussszene! Und der italienische Liebestod aus der »Aida«, »unser Duett«, wie Katia es nennt, soll auch hinein in den »Zauberberg«, als Verbeugung vor der Frau, die ihn ebenso wenig allein lässt in seiner Krise und mit seinen Makeln wie Aida ihren Radames in der

Kerkergruft, die ihn tröstet und aufrichtet, und zwar für immer, hofft Thomas: »Wir werden zusammenbleiben, Hand in Hand, auch im Schattenreich.«

Das ist ja das Aufregende als Schriftsteller: dass er Spuren zu sich selbst legen kann in all seinen Geschichten.

Hat Adalbert Stifter das nicht auch getan? In seiner Erzählung »Aus dem bayerischen Walde« findet sich die Szene einer Ehe, die Thomas Mann wohl tief rühren muss. Sie handelt von Stifters Frau Amalia, die krank in Linz liegt, als der Schnee die Welt verschüttet. Gefangen im weißen Chaos, leidet ihr Ehemann nicht unter Angst um sich selbst, sondern weil er fern von ihr ist und nicht weiß, wie es der Kranken ergeht. Sobald die Wege befahrbar sind, eilt er zu Amalia. Sie ist angegriffen, aber außer Gefahr. Das Wiedersehensglück und ihre Dankbarkeit zu schildern, schreibt Stifter knapp, »liegt nicht in dem Zwecke dieser Zeilen«. Dass dem Erzähler stumm die Tränen kommen vor Erleichterung, kann er zugeben.

Und jetzt wieder ab ins Tal.

Anstrengungsglück und Selbstbezwingung, schön und gut. Aber wie wunderbar ist doch so ein Abstieg an einem heiteren, sonnigen Morgen! Das Gewicht des Rucksacks scheint abwärts plötzlich leicht wie eine Feder. Der Stolz auf sich selbst beflügelt jeden Schritt. Vom Südwind umfächelt, hinter jeder

Kurve der nächste erhebende Ausblick, läuft es sich in Richtung Tal leichtfüßig und wie von allein. Knieprobleme darf man natürlich nicht haben.

Unten warten die Kinder. Und Bauschan, der sich inzwischen selbstständig Bewegung und Beschäftigung verschaffen musste. Aber der Defregger'sche Garten ist weitläufig, und unten am Ufer gibt es viele Enten, denen er ein paar Schritte ins Wasser nachsetzen kann. Weiter geht es für ihn nicht, und so kann er sie nur anbellen, während sie unverschämt in der Sicherheit des Gewässers vor seiner Nase auf und ab schaukeln und ihn damit zur Weißglut bringen.

Unten im Tal wartet auch die Arbeit. Als Erstes will die Erzählung »Herr und Hund« fertiggeschrieben werden. Ganz wird Thomas Mann das nicht mehr schaffen in seiner Sommerfrische, ihm fehlt noch ein Stück des letzten Kapitels und vor allem ein fulminanter Schluss.

Und dieser Schluss wird ausgesprochen komisch. Von Enten ist die Rede und von einem Streit zwischen Mensch und Tier, und wer sich von den beiden dabei reifer verhält, wird man ja sehen.

Das Abenteuer, das zu »einer vorübergehenden Erkältung des Verhältnisses« zwischen Bauschan und seinem Herrn führt, ereignet sich während eines Spaziergangs in München. Der Hund hat einen

Hasen gehetzt, ein paar Fasane erschreckt und bummelt jetzt wieder hinüber zu seinem Menschen, um diesen nicht ganz zu vernachlässigen, als am anderen Ufer des Flusses ein Mann aus dem Gebüsch tritt. Er trägt einen hängenden Schnurrbart, Lodenhut, ein Wams mit Gurten, Rucksack und über der Schulter eine Flinte am Riemen. Dies ist ein Jägersmann: stattlich, raubeinig und mit der Aura eines Schmugglers. Und tatsächlich hat er Wilderei im Sinn. Der Fremde nimmt die Flinte vors Gesicht, lehnt die Wange gegen den Kolben, stellt ein Bein nach vorne, legt an und zielt. Ein Knall, wildes Flattern am Himmel, und eine getroffene Ente fällt wie ein Stein auf die Wasserfläche.

Bauschan stutzt. Es reißt ihn. Als der Entenleib aufs Wasser prallt, springt er Richtung Fluss, besinnt sich und setzt sich auf die Hinterpfoten, mit gespitzten Ohren. Sein Herr will weitergehen, die ganze Szene erfüllt ihn mit Unbehagen, aber der Hund verharrt. Er will zusehen, wie der Fremde zum Fluss eilt, mit präzisen Bewegungen die Ente herausfischt und die Beute in den Rucksack stopft. Auf Thomas Manns höfliche Frage: »Gehen wir, Bauschan?«, antwortet der Hund, indem er »äußerst kurz« den Kopf zur Seite wendet, »wie wenn jemand nicht ohne Barschheit sagt: ›Bitte mich nicht zu stören!‹«. Das ist schon die erste Provokation.

Erst, als der Jäger sich zum Gehen wendet, lässt sich Bauschan dazu herab, seinem Herrn nach Hause zu folgen. Es wird kein harmonischer Rückweg.

Ungewöhnlich langsam trottet der Hund hinter Thomas Mann. Er scheint in Gedanken, und die kann sein Herr sich lebhaft ausmalen. Er sieht sich plötzlich mit den Augen des Hundes: Dort der kühne Jägersmann, der Enten schießt und an dessen Seite Bauschan seine wahre Bestimmung fände, hier der Feingeist, der am Schreibtisch Gedanken hascht wie Schmetterlinge und nicht mal Befehle erteilen kann. Aus den Augenwinkeln sieht er, wie Bauschan »ein Maul« zieht, das ist er noch geneigt zu übersehen. Dann aber gähnt das Tier: »Es war das unverschämte, sperrangelweite, grob gelangweilte und von einem piepsenden Kehllaut begleitete Gähnen, das deutlich ausdrückt: ›Ein schöner Herr! Kein rechter Herr! Ein lumpiger Herr!‹« Und nun verliert der gekränkte Schriftsteller die Beherrschung.

Geh doch!, ruft er, zu diesem Kerl, der zwar kein Herr ist, aber anscheinend kernig und deshalb wohl »ein Herr für dich (...) da er dir denn nun einmal einen Floh ins Ohr gesetzt hat, zu deinen übrigen«. Ja, so weit geht Thomas Mann, und er geht noch weiter: Ob Bauschan sich eigentlich überlegt habe, ob der Fremde überhaupt einen Jagdschein besäße? Was denn wäre, wenn beide bei ihrem sauberen Treiben erwischt würden? Falls Bauschan überhaupt etwas fangen würde, bis jetzt sei er ja wenig erfolgreich darin.

Ob der Fremde Bauschan wohl je an der Kehle kraulen würde wie er, der geschmähte Feingeist, und den Hund zum Lachen bringen würde? Wohl kaum, so roh, wie der andere wirke! Solche Leute würden ein Tier wohl kaum in die Klinik bringen, »falls es dir einfällt, okkult zu bluten«, und stattdessen »kniffige Fragen« stellen bezüglich »des Stammbaumes und der Ahnenprobe, daß ich mich ganz unmißverständlich ausdrücke (...) und wenn er dir bei der ersten Meinungsverschiedenheit deinen Knebelbart vorhält«, dieses verräterische Indiz für einen beigemischten Urahnen nämlich, »dann denke an mich ...«.

Das Zerwürfnis ist perfekt, und daheim angelangt, lässt Thomas Mann die Gartenpforte absichtlich so zackig hinter sich in Schloss fallen, dass Bauschan nicht mehr mit durchschlüpfen kann, sondern – quiekend – hinüberklettern muss.

Was ist Komik? Verunglückte Würde. Zum Beispiel ein berühmter Schriftsteller, der, elend vor Eifersucht, seinem Hund eine Szene macht, weil der einen anderen Mann angeschaut hat. Thomas Manns Sinn für die Allianz aus »Komik und Elend« des Lebens und seine Fähigkeit zur Selbstironie lassen nachvollziehen, weshalb auch die Kinder ihren Vater oft rasend lustig finden, der seinerseits das größte Vergnügen aus jedem Humor bezieht, welcher aus größerer wie kleinerer Verzweiflung geboren wird.

Alles, was »tief trübsälig« scheint, und sei es eine handfeste Krise, bietet eben immer auch eine Steilvorlage dafür, »herrlich« komisch zu sein. Und damit die beste Waffe gegen die Widrigkeiten der Welt.

Letztlich versöhnen Bauschan und sein Herr sich dann doch wieder. Wie beim Unglück mit der Tierklinik decken die Zeit und das Vergessen den Vorfall zu. Der Hund begibt sich wieder unbekümmert und vergnügt auf die gemeinsamen Spaziergänge, beschäftigt sich mit der Jagd nach Wasservögeln und Mäusen, er begrüßt Thomas Mann mit begeisterten Kreiseltänzen und lässt sich von ihm kraulen.

Der Hund weiß, wie mit der Peinlichkeit seines Herrn umzugehen ist. Er zeigt Sympathie, Mitgefühl und Nachsicht und erspart ihm künftig weitere Vergleiche.

Der Hundeherr allerdings weiß nun: Er ist durchschaut in all seiner Lächerlichkeit. Aber erkannt zu werden und trotzdem geliebt, auf mehr kann man nicht hoffen.

Tegernsee lebt noch in mir

Die letzten Ferientage! Abschiedsschmerz, Vorfreude auf das, was kommt, etwas Unruhe. Das sind so die Gefühle der Abreisenden.

Was Thomas Mann betrifft: Er freut sich, dass nach den acht Wochen am Tegernsee erst mal keine weiteren Reisen vor ihm liegen. Irritationen jeder Art sind derzeit unwillkommen. Aus dem privaten Idyll, in dem er in den Monaten zuvor gelebt hat, möchte er sich ungern herausbewegen. Es hat ihm eine neue Perspektive eröffnet und ein Refugium, das Arbeit und Nervenkostüm guttut.

Vielleicht rudert er jetzt abends noch mal mit Katia über den Ringsee. Geht an den letzten sonnenwarmen Tagen mit Bauschan zum Seeufer und in den Wald zu den Bächen. Oder auf eine Bergsommerwiese, deren Lichtheit er aufnehmen kann als Inspiration für die spätere Arbeit. Denn so könnte sie aussehen, die Wiese, auf der ein Faun im »Zauberberg«

bald seinem Nachmittagstraum nachhängen und auf einer Schalmei spielen wird:

»Rücklings lag er auf einer mit bunten Sternblumen besäten, von Sonne beglänzten Wiese, einen kleinen Erdhügel unter dem Kopf, das eine Bein etwas hochgezogen, das andere darüber gelegt (...) und so stieg das sorglose Genäsel zum tiefblauen Himmel auf, unter dem das feine, leicht vom Winde bewegte Blätterwerk einzeln stehender Birken und Eschen in der Sonne flimmerte.«

(Mehr als Birke und Esche kann Thomas Mann einfach nicht auseinanderhalten, trotz aller botanischen Nachhilfe.)

»Das Summen der Insekten in der sommerheißen Luft über dem Grase, der Sonnenschein selbst, der leichte Wind, das Schwanken der Wipfel, das Glitzern des Blätterwerks, – der ganze sanft bewegte Sommerfriede umher wurde gemischter Klang ...«

Es ist das schönste Sommer-Souvenir: »Seliger Stillstand, die Unschuld der Zeitlosigkeit«, die Erinnerung an Ferien von der Welt und an ein Glück, das verantwortungslos ist und doch niemandem schaden will.

Da das Glück unbeständig ist und dieser Sommer 1918 sowieso, kippt das Wetter vor der Abreise wieder. Als hätten die vergangenen zwei Monate nicht genug Regen gebracht, brauen sich neue Gewitter zusammen, und es hagelt bis nach München. Nach den Landregen, erinnert sich die Tochter Monika später, quaken die Frösche im nassen Gras. Die Kinder suchen noch einmal »barfüßig die schwimmenden Pfade nach Schnecken« ab, die im Kochtopf landen wie ihre Vorgänger dieses Kriegssommers.

Und dann kommt der 9. September 1918, ein Montag. Es ist der Tag der Abreise vom Tegernsee zurück nach München.

Der Aufbruch aus der Villa Defregger: chaotisch wie die Anreise. Einfach »schrecklich«, findet Mann. Katia Mann wird vormittags mit Erika, Klaus und Monika, der Köchin, Bauschan und der Masse an Gepäck an Bord eines größeren Schiffs zum Ort Tegernsee hinübergefahren. Für den Rest der Reisegruppe aber ist der Familienvater verantwortlich, der an den Rudern des kleinen Holzboots der Villa Defregger sitzt: »Ruderfahrt mit dem Fräulein, Golo, dem neuen Mädchen Anna, das das Kindchen trug, über den bewegten See, der stürmisch zu werden drohte.« Sobald das schwankende Schiffchen die Bucht des Ringsees verlässt, kräuselt sich die Wasseroberfläche, die Strömung nimmt zu. Golo beobachtet seinen Vater: Wie nervös er wirkt! Aber alle kommen trocken am Anlegesteg an.

Bei miesem Wetter erreicht man nach der Zugfahrt den Münchener Hauptbahnhof. Abgeholt werden die Manns von der treu wartenden Großmutter Pringsheim, »was nach Verspätung, Verfehlung u. Ungeschick sehr unfreundlich ablief. Müde u. verstimmt. Zum Abendessen dann Tommy u. Katja, bei trefflichem Essen u. einer (...) Flasche franz. Sekt dann eitel Friede u. Freude.«

Und damit ist diese Sommerfrische endgültig vorbei.

Zwei Tage nach der Rückkehr setzt sich Thomas Mann im Herzogparkhaus in der Poschingerstraße nachts an seinen Schreibtisch und schlägt das Tagebuch auf. Seine Einträge verfasst er meistens spät und stets allein. Dies ist die erste von vielen Tausend Tagebuchseiten, die der Nachwelt erhalten geblieben sind.

Katia habe, berichtet er an diesem 11. September 1918, direkt nach der Ankunft in München ihren Gynäkologen aufgesucht, »ihres Zustandes wegen. Er leugnet trotz aller Merkmale«. In wenigen Wochen werden die »Betrachtungen eines Unpolitischen« ausgeliefert, und Mann gibt sich im Eintrag fatalistisch aufgekratzt: »Neugier auf das Abenteuer des Erscheinens (...). Geheimer und letzter Humor in der Erwartung von allem Möglichen. (...) ich bin auf alles gefaßt, habe zu viel durchgemacht u. vorweggenommen, als daß mir eigentlich noch viel anzuhaben wäre.«

Nun ja. Ganz so gelassen wird er dann doch nicht sein. Eine Weile noch bleibt seine Seele unregierbar. Demnächst bereut er erst »kein Wort«, dann will er wieder sterben, bald fühlt er sich »verzweifelt und gehetzt«, schließlich erscheint ihm das Leben »reich und interessant«. Seine Stimmung ist labil. Kein Wunder. Denn die Zeiten werden turbulent.

Mit Beginn des bayerischen Herbstes 1918, während draußen Himmelblau und Sonne leuchten und im Arbeitszimmer rosa Spätrosen aus dem Garten, beginnen sich die Ereignisse zu überschlagen.

Ungefähr gleichzeitig geschieht Folgendes: Katias Schwangerschaft mit ihrem sechsten Kind wird schließlich doch bestätigt, Thomas Manns Schneidezahnkrone fällt wieder heraus, und die Monarchie gerät ins Wanken. Das Deutsche Reich muss sich für ein parlamentarisches Regierungssystem öffnen, in dem die Regierung dem Reichstag und nicht mehr dem Monarchen gegenüber verantwortlich ist; für Kaiser Wilhelm II. eine Teilentmachtung. Thomas Mann im Tagebuch: »Was man nicht alles erlebt.«

In dieses Durcheinander platzt das Erscheinen des Buches »Betrachtungen eines Unpolitischen«. Nach einer schlaflosen Nacht hat ihr in Panik geratener Verfasser zwar seine Frau geweckt und mit ihr ein Telegramm an den Verleger beschlossen, das die

Auslieferung in letzter Minute stoppen soll. Zu spät. Das Werk erscheint zur Unzeit.

Die Welt, die es beschwört, bricht krachend zusammen. Das Volk will Frieden, Soldaten streiken, der Kaiser flieht. Geistiger Sieger ist Heinrich Mann, der demokratiefreundliche »Zivilisationsliterat«. Alles kommt so schlimm wie befürchtet, und Thomas Mann ist Kriegsverlierer.

Die Erste, der er dies eingesteht, ist Katia. In ihr Buchexemplar schreibt er im Herbst 1918 als Widmung: »Wir haben es zusammen getragen, liebes Herz, und wer weiß, wer schwerer daran zu tragen hatte (...). Auch trug ich es nur aus Not und Trotz, Du aber trugst es aus Liebe.« Beide weinen.

Insgesamt sind die Kritiken für das anachronistische Buch gemischt, aber keineswegs so vernichtend wie erwartet. Deutschland hat gerade andere Sorgen als die neueste Publikation von Thomas Mann, und es gibt genug verbitterte Monarchisten, denen er aus dem Herzen spricht. Von einer positiven Kritik aus Österreich berichtet Katia ihrer Mutter triumphierend per Telefon, dort habe man die »Betrachtungen« überschwänglich gelobt. Hedwig Pringsheim bleibt unbeeindruckt: »So, in Wien.«

Die politische Haltung ihres Schwiegersohns schwankt jetzt. Sogar das untergehende deutsche Kaiserreich sieht er allmählich kritisch. Erst wünschte er so unbedingt Ordnung, dass er dafür den Obrigkeitsstaat verteidigt hat. Jetzt aber, als die Flotte meutert, damit die Novemberrevolution auslöst und die Republik ausgerufen wird, betrachtet er das Ganze mit »ziemlicher Heiterkeit und einer gewissen Sympathie«: »Ich heiße ›die neue Welt‹ willkommen.«

Revolution, Sozialdemokratie, Bolschewismus, Bayerische Räterepublik – die Experimente der neuen Zeit sind beunruhigend, aber interessant. Sogar im gemütlichen Bayern wird demonstriert und geputscht, der bayerische Monarch Ludwig III. wird abgesetzt, es konstituiert sich ein Arbeiter-, Soldaten- und Bauernrat. Überhaupt, die Flut der neuen »Räte«. Ob die kleine Elisabeth, witzelt man in der Familie, wohl dem sicher bevorstehenden »Säuglingsrat« präsidieren dürfe? Thomas Mann: »Ich finde Bayern urkomisch«. Die Zahnmisere geht in die nächste Runde und fördert beißenden Humor, denn nun ist auch schon alles egal.

Trotzdem wird es auch während der Bayerischen Revolution ernst, als selbst im privilegierten Münchener Herzogpark Schüsse fallen. Der unpolitische Betrachter überlegt, ob man ihn wegen seiner Haltung im Kriege wohl erschießen werde, es droht schließlich »Proletarier-Terrorismus«. Thomas Mann nimmt sich vor, potenziellen Plünderern 200 Mark in die Hand zu drücken, »ich schenke sie euch, teilt sie und macht mir dafür meine Sachen und Bücher nicht entzwei«. Aber dann kommt er doch ungeschoren davon.

Weihnachten 1918: Das erste Fest mit dem »Kindchen« und ohne Kaiser. Das Familienoberhaupt Mann erhält ein schönes Weihnachtspräsent, man bietet ihm an, dem »Lichtspiel-Censur-Beirat« beizutreten: »Ein republikanisches Amt!« Großvater Alfred Pringsheim hat man Katias neue Schwangerschaft nicht länger verheimlichen können, nun verweigert er nach einem seiner legendären Wutanfälle die Anwesenheit unter dem Mann'schen Weihnachtsbaum. Sechs Kinder in diesen Zeiten hält er für entschieden übertrieben, zumal seine Enkelzahlungen damit steigen. Auch der siebzehnjährige Schwarzmarktlieferant der Manns ist nicht einverstanden: »Scho wieder, Frau Doktor? Den kann i nimmer ernährn!« Zum Jahreswechsel hält der bald sechsfache Vater Thomas fest, dass er eine »grüblerische, wunderliche und trübe Existenz führe«, während das Leben des immer noch entfremdeten Bruders Heinrich nun »sehr sonnig« sei.

Dabei wird die Zukunft des »Dichterfürsten«, der momentan so orientierungslos scheint, geradezu leuchtend.

Bei der bayerischen Landtagswahl im Januar 1919 sieht er seine Frau Katia »gut gelaunt«, zum ersten Mal kann sie ihre Stimme abgeben. Frauenwahlrecht in Deutschland! Katias Großmutter Hedwig Dohm, frühe Feministin, darf das als Greisin noch erleben. Zur Feier des Tages führen Klaus, Erika und Ricki Hallgarten in der Diele der Mann'schen Villa das Theaterstück »Die Gouvernante« auf, die erste Darbietung ihres frisch gegründeten »Laienbunds Deutscher Mimiker«. Golo darf nur als Theaterdiener assistieren und grollt.

Im Februar 1919 wählt die Nationalversammlung Friedrich Ebert zum Reichspräsidenten der Weimarer Republik, als erstes demokratisches Staatsoberhaupt. Thomas Mann: »Mutet doch an, wie ein erster Gehversuch nach dem Kollaps, wie Wiederkehr von Würde u. Selbstgefühl.«

Im April 1919 erscheint »Herr und Hund« und wird ein Erfolg. Eine Meldung, in der es heißt, hier gerate »ein Jagdhund in die Hände eines unwaidmännischen Herrn«, erheitert den Hundehalter ungemein. Bauschan und er ahnen nicht, dass eine Hundestaupe, eine zum Tod führende Viruserkrankung, sie bald voneinander trennen wird.

Auch der (tatsächlich sehr privat geratene) »Gesang vom Kindchen« ist fertig und findet das »Entzücken« von Schwiegermutter Pringsheim. Dem »Schwieger-Tommy« fällt ein Stein vom Herzen. Katia bringt einen gesunden kleinen Jungen zur Welt, Michael soll er heißen. Sechs Kinder haben sie nun, und dabei wird es bleiben.

Thomas Mann nimmt die Arbeit am »Zauberberg« wieder auf, einem Werk, das vom Tode handelt und den Menschen dem Leben in die Arme schubsen will. Er wird dieses Wunder von einem Roman über Denken, Lieben und Sterben im Jahr 1924 veröffentlichen und damit (und mit dem Literaturnobelpreis von 1929) endgültig zum repräsentativen Schriftsteller von Weltrang.

Zwischenzeitlich hat er sich 1922, nach fast acht Jahren, mit seinem Bruder Heinrich ausgesöhnt und sich im selben Jahr mit der Rede »Von deutscher Republik« eindeutig zu Demokratie, Republik und Humanität bekannt. Hedwig Pringsheim hat ihn da, wo sie ihn immer haben wollte.

Die nationalistischen Rechten, die ihn seit den »Betrachtungen« als einen der ihren vereinnahmen, schäumen. »Mann über Bord!« heißt es. Der als Überläufer Geschmähte bleibt ruhig. Mit den extremen Rechten und ihrem völkischen Weltbild, das die Weimarer Republik destabilisieren soll, will er nichts zu tun haben.

Einmal hat Thomas Mann sich verführen lassen, nie wieder wird ihm dies passieren. Er bleibt wachsam und registriert die Demagogie des aufsteigenden Faschismus früh und voller Ablehnung. Der ganze »Hakenkreuz-Unfug« und »Fascismus« sind für ihn kulturelle »Barbarei«, und Antisemitismus »die Schande jedes Gebildeten und kulturell Eingestellten«. Dienst am Leben, das sei Dienst an der Demokratie. Dafür hat er sich entschieden, denn nun glaubt er, dass es so etwas wie einen unpolitischen Kulturmenschen gar nicht geben kann, »daß die Kultur in schwerste Gefahr gerät, wenn es ihr am politischen Instinkt und Willen mangelt«. Er setzt seinen Dienst fort, als er Nazi-Deutschland 1933 verlässt und im Exil zum berühmtesten Hitler-Gegner unter den emigrierten Künstlern und Künstlerinnen aufsteigt: »Wo ich bin, ist Deutschland.«

Aber das ist eine andere Geschichte.

An diesem Abend des 11. September 1918, gerade zurück aus der Sommerfrische, heißt es für Thomas Mann erst mal Anlauf nehmen für die neue Zeit und seine weite, bewegte Zukunft.

Das Haus im Münchener Herzogpark ist nach der Sommerpause noch nicht auf die Rückkehr seiner Bewohner eingestellt. Es muss dringend geputzt werden, und nirgends, auch im Arbeitszimmer nicht, sind die Teppiche ausgerollt. Wenn dies erst geschehen ist, wird es sich wieder »glatter und lustiger« arbeiten lassen, hofft Mann. Seine Ordnung und Routinen schätzt er eben sehr.

Worauf Verlass ist: Bauschan, der Gute, wird ihm morgen im Garten entgegenspringen und frohgemut neben ihm zum Münchener Isarufer traben. Wie immer ist das Ziel ihrer variierenden Spaziergänge am Ende die Familienvilla in der Poschingerstraße, ein Zuhause, in das man heimkehrt, ob man froh oder elend ist, und »die Suppe steht auf dem Tisch«.

Am Schreibtisch, über das Tagebuch gebeugt, lässt der Schriftsteller seinen Sommer der Veränderung Revue passieren, die Zeit »mit dem erregenden Wasser, dem Boot, den Lido-Eindrücken am Badestrand, dem Besuch in Bad Kreuth mit Bertram«. Er denkt an den Aufstieg zum Hirschberg, den Sonnenaufgang auf dem Gipfel, den aufmunternden Südwind. An das Gefühl von erwachter Widerstandskraft und rettendem Humor.

Und Thomas Mann schreibt: »Tegernsee lebt noch in mir«.

Dank

Ein gelbes Taschenbuch, einmalige Sonderausgabe der »Erzählungen« von Thomas Mann aus dem Jahre 1986, gehört zu den ältesten Büchern, die ich besitze; es wird nur noch von Klebestreifen zusammengehalten. Ich habe es vor einiger Zeit wieder zur Hand genommen, um »Herr und Hund« zu lesen, denn plötzlich war ich selbst Hundehalterin. Ohne meine Barsoihündin Mascha hätte ich diese Geschichte also nicht völlig neu entdeckt. Wir hätten auch nicht den Tegernsee entdeckt als hundefreundliche Zauberlandschaft, in der wir nun viel Zeit verbrachten. Und ich hätte mich nicht erinnert, dass Thomas Mann seine amüsante und rührende Erzählung über Bauschan genau hier geschrieben hat, am Ufer dieses Bergsees, in einem so stürmischen wie tröstlichen bayerischen Sommer.

»Thomas Mann macht Ferien« handelt von einem Hund, einer Lebenskrise und der Liebe. Was wir über diese Sommerfrische 1918 wissen, erschließt sich aus Thomas Manns Briefen und Essays, aus Bezugnahmen in den Tagebüchern, aus Erinnerungen seiner Kinder und Aufzeichnungen seiner Schwiegermutter Hedwig Pringsheim. »Tegernsee lebt noch in mir«, hat der Schriftsteller direkt nach der Rückkehr nach München in seinem Tagebuch notiert, auf der ersten von Tausenden von Tagebuchseiten, die uns heute vorliegen. Wie nachhaltig die Einsichten dieser bewegten Zeit waren, zeigen die im Anschluss erschienenen Werke: »Herr und Hund«, der »Gesang vom Kindchen«, schließlich der mit der ganzen Wucht einer inneren Wandlung verfasste »Zauberberg«.

Bei der Arbeit an diesem Buch wurde ich unterstützt durch vertrauensvolle Gespräche mit Prof. Frido Mann über seine *amazing family* und manche Anekdoten über die Mann'schen Hunde. Herzlichen Dank! Mein Dank gebührt auch allen, die mir das Leben im Tegernseer Tal nähergebracht haben: Edmund Schimeta, Leiter im Museum Tegernseer Tal, der sich mit mir durch historische Zeitungsberichte gearbeitet, kenntnisreich Fragen beantwortet und mir ein Bild der entbehrungsreichen Jahre im Ersten Weltkrieg vermittelt hat. Daniel J. Glasl, Heimatforscher, Verleger und Fotograf, der großzügig sein Wissen über das kulturelle Leben am Tegernsee mit mir geteilt und eine historische Aufnahme der »Villa

Defregger« ausfindig gemacht hat. Danke auch an die heutigen Besitzer dieses herrlichen Fleckchens Erde am Ringsee: Von der Anhöhe, wo die alte Villa einst stand, durfte ich den Blick über Wälder, Berge, See erleben wie einst Thomas Mann und die Seinen. Sepp Grieblinger von der Bad Wiesseer Schifferfamilie Grieblinger, die seit 1873 ihren Tegernseer Fährbetrieb unterhält, erläuterte mir anschaulich den Humor der Altbayern und den Charakter des Sees. Nicolas Humbert, Filmemacher und Enkel des Schriftstellers Max Mohr, lud mich auf einen berührenden Nachmittag in die Wolfsgrub ein. Danke an Timea Kürti und alle Mitarbeiter der Münchner Stadtbibliothek / Monacensia und an den Wallstein Verlag für Einblicke in Hedwig Pringsheims lesenswerte Tagebücher.

Herzlich danke ich meinem Lektor Martin Breitfeld für seine klugen Hinweise und seinen beflügelnden Zuspruch.

Danke, liebe Claudia, Dorle, Andrea, Svantje und Andreas, Klaus und Uschi, Bernhard und Lion: für Anregungen, Hundewissen, Freundschaft und gemeinsame Spaziergänge.

Bibliografie

Eine Auswahl

Werke, Tagebücher, Briefe

Thomas Mann: Herr und Hund. Ein Idyll, Frankfurt am Main 2008

Thomas Mann: Die Erzählungen, Frankfurt am Main 1986

Thomas Mann: Betrachtungen eines Unpolitischen, Frankfurt am Main 2001

Thomas Mann: Der Zauberberg, Frankfurt am Main 1988

Thomas Mann: Buddenbrooks, Frankfurt am Main 1979

Thomas Mann: Tagebücher in 10 Bänden, Bd. 1–5 (1918–1943), hrsg. von Peter de Mendelssohn, Bd. 6–10 (1943–1955), hrsg. von Inge Jens, Frankfurt am Main 1977–1995

Thomas Mann an Ernst Bertram: Briefe aus den Jahren 1910–1955, hrsg. von Inge Jens, Pfullingen 1960

Thomas Mann: Briefe I 1889–1936, hrsg. von Erika Mann, Frankfurt am Main 1995

Thomas Mann: Über mich selbst, Frankfurt am Main 1994

Erika Mann: Mein Vater, der Zauberer, hrsg. von Irmela von der Lühe und Uwe Naumann, Reinbek bei Hamburg 1996

Golo Mann: Erinnerungen und Gedanken. Eine Jugend in Deutschland, Frankfurt am Main 1991

Katia Mann: Meine ungeschriebenen Memoiren, Frankfurt am Main 1995

Katia Mann: »Liebes Rehherz«. Briefe an Thomas Mann 1920–1950, hrsg. von Inge Jens, München 2008

Klaus Mann: Kind dieser Zeit, Reinbek bei Hamburg 1967

Klaus Mann: Der Wendepunkt. Ein Lebensbericht, Reinbek bei Hamburg 1991

Monika Mann: Vergangenes und Gegenwärtiges. Erinnerungen, München 1956

Hedwig Pringsheim: Tagebücher, Bd. 6, 1917–1922, hrsg. von Cristina Herbst, Göttingen 2017

Hedwig Pringsheim: Meine Manns. Briefe an Maximilian Harden, Berlin 2008

Literatur zu Thomas Mann

Dieter Borchmeyer: Thomas Mann. Werk und Zeit, Berlin 2022

Rüdiger Görner, Kaltërina Latifi: Thomas Mann. Ein Schriftsteller setzt sich in Szene, Darmstadt 2021

Klaus Harpprecht: Thomas Mann. Eine Biographie, Reinbek bei Hamburg 1995

Dirk Heißerer: Im Zaubergarten. Thomas Mann in Bayern, München 2005

Inge und Walter Jens: Frau Thomas Mann. Das Leben der Katharina Pringsheim, Reinbek bei Hamburg 2003

Hanjo Kesting: Thomas Mann. Glanz und Qual, Göttingen 2023

Hermann Kurzke: Thomas Mann. Das Leben als Kunstwerk. Eine Biographie, München 1999

Volker Weidermann: Mann vom Meer, Köln 2023

Hans Wysling, Yvonne Schmidlin (Hrsg.): Thomas Mann. Ein Leben in Bildern, Zürich 1994

Weitere Literatur

Beni Eisenburg: A Bleame auf'm Huat. Einst und jetzt im Tegernseer Tal, Tegernsee 2021

Daniel J. Glasl: Das Tegernseer Tal. Eine Reise an den Tegernsee in historischen Photographien, Tegernsee 2020

Hermine Kaiser (Hrsg.): Erstes Tegernseer Lesebuch. Kultur – Geschichte – Bayerisches, Oberaudorf 2004

Karl Smikalla: Thomas Manns heimliche Liebe zum Tegernsee, Oberammergau 2001

Adalbert Stifter: Aus dem bayerischen Walde, Salzburg 2022

Elisabeth Tworek (Hrsg.): Literarische Sommerfrische. Künstler und Schriftsteller im Alpenvorland, München 2011

Elisabeth Tworek (Hrsg.): Trügerische Idylle. Schriftsteller und Künstler am Tegernsee 1900–1945, München 2017

Historische Ausgaben »Seegeist«, »Alpenbote«: Archiv Museum Tegernseer Tal, Tegernsee

Das Gesamtwerk von Thomas Mann liegt im Verlag S. Fischer vor. Wir danken für die freundliche Genehmigung zum Abdruck der Zitate.

FSC
www.fsc.org
MIX
Papier | Fördert gute Waldnutzung
FSC® C083411

4. Auflage 2025

Covergestaltung Kosmos Design, Münster
Covermotiv © Kosmos Design × Midjourney
Gesetzt aus der Crimson Pro und Didot LT Pro
Satz Buch-Werkstatt GmbH, Bad Aibling
Druck und Bindung CPI books GmbH, Leck
ISBN 978-3-462-00671-1

Kontaktadresse nach EU-Produktsicherheitsverordnung:
produktsicherheit@kiwi-verlag.de